제3판 /

생활경제

윤명길 | 김종진 공저

도서출판 두남

제3판 머리말

21세기 들어서서 세계경제는 경기회복 기미를 보이지 않고 있다. 2008년 세계금융 위기 이후 미국을 비롯한 주요 국가들의 향후 경제전망을 예측하기 어려운 상황이다. 이런 가운데 국내경기는 선진국을 포함한 다른 나라들에 비하여 그 회복속도가 가장 완연함은 그나마 다행이다.

또한, 2010년 들어서 일본의 도요타 리콜사건으로 인한 일본경제의 타격은 우리나라 자동차산업에 반사이익을 가져다주기도 한다.

이와 같은 세계경제는 각각의 국가들에 대한 개별적 경제체제가 아니라, 세계가 한나라 경제처럼 서로 밀접하게 연계되어 있다.

우리나라는 이명박 정부가 들어선 이후, 4대강 개발 사업을 필두로 세종시 문제 등 여러 가지 굵직굵직한 일들이 추진되거나 추진되다가 여론의 여파로 주춤거리기도 하고 있다. 물론 여타 분야에 보이지 않는 피해를 줄 수 있겠지만, 전반적인 재정지출 증가로 국내수요를 끌어 올리고자 노력하고 있다. 이러한 경제정책은 여러 가지 문제점이 내포되어 있음에도 불구하고, 한국의 경제정책을 수립, 시행함에 있어서 중요한 정책으로 전개되고 있다.

이러한 시점에서 필자는 본 교재를 편찬함에 있어서 아래와 같은 목적을 갖고 편찬한다. 먼저, 대학에 신입생으로 들어온 새내기들의 사회생활에 일조하고자 상식적이고도, 유익한 경제에 관련된 생활 주변에서의 경제현상을 다루고자 한다.

그리고 기초 경제 지식을 습득하여, 경제학적인 냉철한 판단의식과 논리적인 사고를 배양하고자 알기 쉬운 기본적인 경제이론을 중심으로 다루고자 한다. 결국, 본 교재는 경제학의 가장 기초적인 지식을 요약해 놓은 상태이므로 보다 더 깊이 있는 경제학을 배우고자 한다면, 별도의 학업을 수행해야 할 것이다. 따라서 본 교재는 일반 대학생으로서 알아야 하는 기초적인 경제 지식 습득에 중점을 둔다.

결론적으로, 부족하나마 필자가 대학에서 수업하면서 부족한 부분에 대하여 수정과 보충을 거쳐서 각자의 전공을 공부하면서 바탕이 되는 경제학의 기초를 가르침에 중점을 두고 본 도서가 지속적으로 보완, 수정이 이루어질 것이다.

2018년 8월

양지동 교수연구실에서

윤명길, 김종진

C·O·N·T·E·N·T·S

차례

Chapter 01

경제학의 입문

1. 경제학의 기초개념
2. 경제학의 개념
3. 경제체제론

Chapter 01 경제학의 입문

제1절 경제학의 기초개념

1. 경제학의 정의

경제학이란 인간의 경제생활을 연구대상으로 하는 사회과학의 한 분야를 말한다. 즉, 경제란 "인간의 물질적 부와 관련된 모든 것"을 의미하는 것으로 경제학의 계보에 따라 달리할 수 있겠지만, 인간의 욕망을 충족시키기 위한 수단이 항상 제한되어 있다는 사실「자원의 희소성」에 직면하여 그 제한된 수단을 가장 유효하게 활용하고자 선택을 하는 과정에서 인적·물적 자원이 어떻게 배분되고 소득이 어떻게 처리되는가를 관찰함으로써 이들에 관한 일반적인 법칙을 구명하며, 그 자원의 배분 과정에서 야기되는 경제·사회적 문제를 적절히 해결할 수 있는 방법을 찾아내고자 하는 학문이라고 할 수 있다.

한마디로 물질적 부와 관련된 모든 것을 다루는 것이 경제, 경제학이라고 할 수 있다.

1) 경제학의 기본시각

첫째, 경쟁시장은 효율성을 높여준다. 둘째, 경쟁시장은 정부가 개입하면 효율성이 저하한다. 셋째, 시장실패 상태에서 정부가 개입하면 효율성이 제고된다.

자본주의 사회에서는 항상 이상 세 가지의 경제학 시각이 존재한다.

2) 경제학의 핵심과제

가. 희소성(scarcity)의 원칙

자원은 인간의 욕구에 비하여 항상 부족하다. 즉, 욕구>제약의 상태가 된다. 자원배분이란 사과를 원하면 사과를 생산하는 구조이다. 여기에서 경제 문제 발생은 희소성 때문에 발생하는 것이다. 경제가 발전할수록 욕망은 더 커져서 경제문제가 발생하는 것이다.

인간의 욕망을 충족시키기 위해서는 재화(goods)와 용역(service)이 필요하다. 자원은 재화와 용역을 생산하기 위해 투입하는 생산요소가 존재한다. 생산요소는 토지(land), 노동(labor), 자본(capital) 등 비인적 요소를 의미한다.

나. 경제의 기본 문제

첫째, 무엇을 얼마나 생산할 것인가(What & how much to produce) → 품목과 수량의 결정하는 것이다.

둘째, 어떻게 생산할 것인가(how to produce) → 생산방법을 결정하는 것이다.

셋째, 누구를 위하여 생산할 것인가(for whom to produce) → 생산물의 분배를 결정하는 것이다.

넷째, 언제 생산할 것인가(when to produce) → 최근의 경제사회에서 중요한 문제로 대두되고 있다.

한편, 경제학에서는 효율성과 공평성 중 효율성에 더 초점을 맞추는 경향이 있다. 이는 경제 환경이나 정부의 정책목표에 따라 바뀌지만, 즉, 소비자주권이 실현되면 희소성이 가장 효율적으로 달성한다는 것이다. 그러므로 경제학은 "희소성에서 발생하는 경제문제를 효율적으로 해결하는 방법을 모색하는 학문 분야"이다.

다. 경제원칙(economic principle)과 비용(cost)

경제원칙은 최선의 선택, 효율적 선택, 합리적 선택의 기준을 의미하며, 선택 가능한 최고수익을 가져다주는 잉여 극대원칙을 말한다. 잉여극대란 수익극대, 비용극소를 의미한다. 이 원칙을 가장 효율적으로 자원 배분된 상태를 파레토 효율성(pareto efficiency; pareto optimum or pareto optimality[1])이라 한다.

〈그림 1-1〉 **기회비용**

경제적 비용은 매몰비용과 기회비용이 존재한다.

먼저, 매몰비용(sunk cost)이란 모든 선택에서 공통적으로 발생하는 비용

1) 파레토 최적(Pareto optimality)이라는 용어가 사용되기도 하나, 이것은 단지 다양한 판단기준 중의 하나이므로 요즘에는 최적이란 용어보다는 효율성이란 용어를 더 많이 사용하고 있다.

(의사결정에 미 영향)을 의미하는데, 예로 자동차 등록세가 대표적이다. 또 휴대전화의 기본요금은 가입자에게 영향을 주지만 통화량에는 영향을 안준다. 이러한 점도 이에 해당한다. 또, 모 교수가 목사 안수를 받는데 시간적, 경제적으로 투자한 돈이 1억 원이라면 이를 활용하지 못하게 된다면 투자비용은 매몰비용이 된다.

둘째, 기회비용(opportunity cost)이란 선택을 바꾸면 얻을 수 있는 최고의 수익을 말한다. 따라서 이것은 의사결정에 영향을 미친다. 즉, 선택 가능한 대안에서 건질 수 있는 최고의 수익을 의미한다. 보통 경제활동을 하게 되면 회계비용이 발생하지만, 눈에 보이지 않는 비용, 즉 기회비용도 발생한다. 한편 경제학에서는 사용하는 비용은 선택의 대가라 말한다. 예를 들어 '공짜 점심이란 없다(There is no such a free lunch in economy)'라는 말은 기회비용이 존재함을 의미한다. 돈 많은 사람이라면 돈이 없는 사람에 비하여 기회비용이 더 높다.

참고로, 매몰비용의 오류란 용어도 있는데, 이를 콩코드의 오류라고도 한다. 원래 콩코드는 세계최초 초음속 여객이었는데, 수용인원이 적고, 연료소모가 커서 경제성이 떨어졌는데, 오일쇼크 이후에도 계속 운행하다가 2000년 항공기 폭발사고 이후 누적적자가 쌓여서 운항을 중단한 것을 일컫는다. 이와 같이 매몰비용의 오류란 이성보다 감성이 앞서는 것을 말한다. 예를 들면 과시하기 위하여 뷔페 식사를 무리하게 사는 행위나, 도박꾼이 한탕주의에 의하여 무리하게 잔돈까지 다 털리는 것 등 이다.

결국 기회비용을 잘 따지고, 매몰비용의 오류에 빠지지 않도록 할 때 합리적인 선택과 소비가 가능하다.

— 경제학의 10대 기본원리

1.1 사람들은 어떻게 결정을 하는가?

ㅇ 기본원리 1 : 모든 선택에는 대가가 있다.

- '세상에 공짜 점심은 없다'

⇨ 무엇을 얻고자 할 땐, 그 대가로 무언가 포기해야 함.

ㅇ 기본원리 2 : 선택의 대가는 그것을 얻기 위해 포기한 그 무엇이다.

⇨ 기회비용(opportunity cost)

ㅇ 기본원리 3 : 합리적 판단은 한계적으로 이루어진다.

- 경제학자들은 대체로 사람들이 합리적으로 행동한다고 가정 한다

⇨ 합리적인 사람(rational people)

- 합리적인 사람은 한계적변화의 이득과 비용을 비교해서 현재 진행 중인 행동을 바꿀 것인지 판단을 내릴 것이다.

ㅇ 기본원리 4 : 사람들은 경제적 유인에 반응한다.

- 합리적인 사람은 어떤 행동을 하고자 할 때 그 행동에 따른 이득과 비용을 비교해서 의사결정을 하기 때문에 경제적 유인에 반응한다.

1.2 사람들은 서로 어떻게 상호작용 하는가

ㅇ 기본원리 5 : 자유거래는 모든 사람을 이롭게 한다.

- 교역을 통해 가장 잘하는 분야의 특화를 이루고, 보다 다양한 재화와 서비스를 즐길 수 있다.

ㅇ 기본원리 6 : 일반적으로 시장이 경제활동을 조직하는 좋은 수단이다.

⇨ 시장경제체제

- 아담 스미스(Adam Smith) "가계와 기업이 시장에서 상호작용 하는 과정에 '보이지 않는 손'에 의해 이끌리는 것처럼 행동하여 바람직한 시장성을 나타낸다."

ㅇ 기본원리 7 : 경우에 따라 정부가 시장성과를 개선할 수 있다.

① 보이지 않는 손은 정부가 법을 잘 집행하고, 시장경제의 기본이 되는

제도와 기구를 잘 유지할 때만 그 역할을 제대로 수행할 수 있기 때문에 정부가 필요한 것. ⇨ 시장은 재산권이 보장될 때에만 움직인다.

② 시장이 자유롭게 기능하도록 맡겨둘 경우 효율적 자원배분을 달성하지 못하는 경우가 발생한다. ⇨ 시장실패(market failure)

1.3 나라 경제는 어떻게 움직이는가?

ㅇ 기본원리 8 : 한 나라의 생활수준은 그 나라의 생산능력에 달려 있다.
⇨ 생산성의 차이

ㅇ 기본원리 9 : 통화량이 지나치게 증가하면 물가는 상승한다.
⇨ 인플레이션 발생

ㅇ 기본원리 10 : 단기적으로는 인플레이션과 실업 사이에 상충관계(trade-off)가 있다.

2. 생산가능곡선

1) 생산가능곡선

"주어진 자원으로 최대생산이 가능한 생산물 조합"을 의미하며, **경제원칙을 도표로 표현**한 것이다.

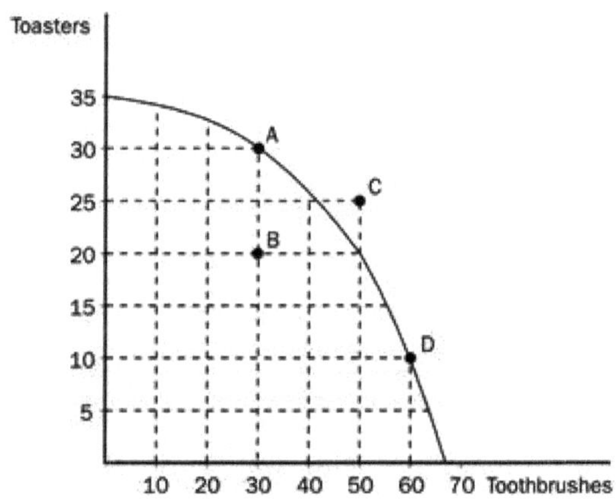

A & D - 생산가능지점.
B - 비효율적 생산상태.
C - 현재 자원수준과 기술수준으로 생산이 불가능한 점.

〈그림 1-2〉 **생산가능곡선**

2) 생산가능곡선의 이동

생산가능곡선을 볼 때, 첫째, 생산가능곡선 안에서의 이동은 기술의 불완전 활용, 자원의 부적절한 활용, 낭비되는 자원이 존재한다는 의미이다. 예를 들자면 활용도가 ZERO인 무의미한 시험제도 등이다. 즉, 원래 유통분야 전문가 양성이라는 취지가 변질되어 대학 편입학을 위한 학점 취득의 수단으로 이용되고 있는 유통관리사 시험제도가 그 대표적인 사례라고 하겠다.

둘째, 생산가능곡선 밖에서의 이동은 주어진 기술과 자원으로 생산 불가능한 부분을 의미한다.

셋째, 곡선의 자체 이동이란 기술진보, 신자원 발견, 자원의 양적 증가가 원인이다. 예로 북한 핵개발, 로키산맥 석유암 개발, 광산 생산량 극대화등도 이에 해당된다.

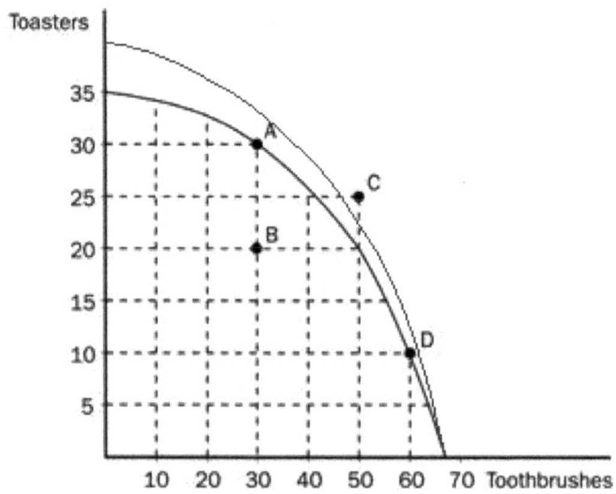

〈그림 1-3〉 **경제성장에 의한 새로운 생산가능곡선 생성**

제2절 경제학의 개념

1. 경제학의 정의

1) 경제학(economics)

인간의 욕망 충족을 위하여 희소한 자원을 배분하는 방법에 관해 연구하는 학문으로 1절에서 경제학의 정의에서 언급하였다. 경제학에는 경제현상의 연구 목적과 방법에 따라 실증경제학과 규범경제학의 두 가지 측면이 있다. 세부 설명은 후술하기로 한다.

2) 경제행위(economic behavior)

인간생활에 필요한 재화와 용역을 유상으로 생산, 교환, 소비하는 행위를 말한다.

3) 경제(economy) or 경제현상(economic phenomena)

경제행위가 계속적, 규칙적, 반복적으로 일어나 일정한 질서를 형성하는 것을 말한다.

2. 경제주체와 객체

1) 경제주체(economic subject)

경제행위를 수행하는 개인 혹은 집단을 말하며, 이기적, 합리적, 개인주의적이다. 경제주체의 종류는 다음과 같다.

(1) 가계(household) : 소비주체로 효용극대화 추구를 한다.

(2) 기업(firm) : 생산주체로 이윤극대화 추구를 한다.

(3) 정부(government) : 소비 및 생산의 주체로 정책주체이다.

(4) 해외부문(foreign sector) : 경제의 주체로 무역주체이다. 해외부문이 포함되면 개방경제(open economy)이고 대외거래를 고려하지 않는다면 폐쇄경제(closed economy)이다.

위와 같은 재화와 용역 및 생산요소의 흐름이나 회계의 흐름을 경제 순환이라 한다.

시장에서는 생산물시장(product market)**과 생산요소시장**(factor market)**이 존재한다. 생산물시장**(product market)은 기업들이 생산한 재화와 용역이 거래되는 시장을 말하며, 생산요소시장(factor market)은 가계나 개인이 보유한 토지, 노동, 자본 등과 같은 생산요소들이 판매되는 시장을 말한다. 이러한 시장에서 경제순환이 이루어지는 것이다. 이를 설명하면 <그림 1-4>와 같다.

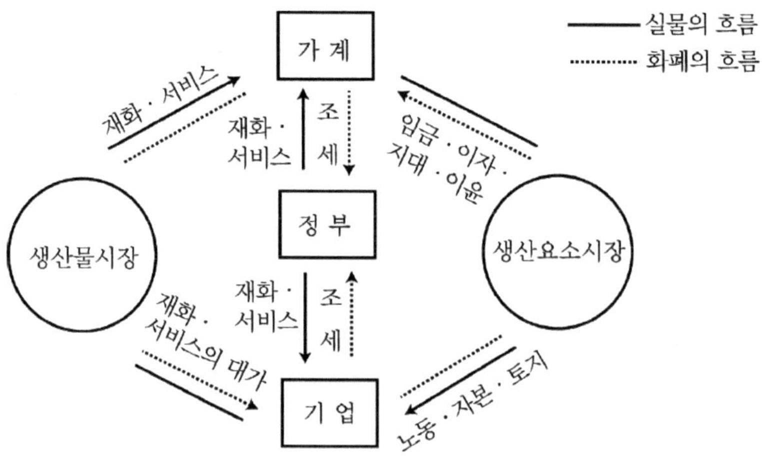

〈그림 1-4〉 **국민경제 순환모델**

2) 경제객체(economic object)의 구분

경제객체란 경제주체가 경제행위를 수행함에 있어서 대상으로 하는 것을 말한다. 재화(goods)란 인간에게 유용한 물질을 의미한다. 즉, 재화와 용역이다.

경제객체로 욕망충족수단으로서의 재화의 종류는 다음과 같다.

(1) 자유재(free goods) : 사용가치가 있으나 존재량이 무한하고 교환가치가 없어 경제행위의 객체가 될 수 없는 비경제재로 공기, 바람, 햇빛 등과 같이 유용

(2) 경제재(economic goods) : 존재량이 희소하기 때문에 교환가치가 있어 경제 행위가 되는 재화로 사과, 기계, 건물, 유가증권 등이면 재화와 용역으로 구분

경제재(재화와 용역)의 구분을 상세히 설명하면 다음과 같다.

(1) 재화

소비재(쌀, 식료품 등 단용 생산재와 가구 가전제품 등 내구소비재)로 구분하며, 생산재(원자재 등 단용 생산재와 기계 공장 등 내구생산재)로 구분한다.

〈그림 1-5〉 **선착장의 하역 콘테이너**

(2) 용역(service)

진료, 연주회, 관광 등 직접용역(소비서비스)과 운송, 통신, 보관, 노동 등 간접용역(생산서비스)으로 구분한다.

참고로 준경제재(관계재)란 대인관계에서 경제적가치가 부여되는 것으로 권리금, 영업권, 특허권과 같이 무형이나 시장거래가 가능한 것을 말한다.

3. 경제학의 분석방법

1) 실증 및 규범 경제학 비교

가. 실증경제학(positive economics); 경제이론, 경제사 등

객관적인 인과관계 법칙을 규명하여 규범적인 판단의 자료나 처방의 원리 등을 제시하는 역할을 한다. 즉, "A는 B이다", "-이면 -이다"라는 식의 기술 방식이다. 또, -했었다. -했다. -할 것이다 등으로 표현한다.

실증경제학은 현실의 경제사회에 존재하는 경제법칙의 규명을 목적으로 경제현상을 사실(What is) 그대로 기술하고 분석한 결과로 얻은 일련의 체계적 지식이다. 즉, 실증경제학이란 현실 경제사회의 여러 경제변수(ex: 재화의 가격・수요량・공급량과 같이 미시변수와 물가수준・고용・국민소득과 같은 거시변수)사이에 존재하는 함수관계를 발견하고 그 성질을 규명하는 것을 내용으로 한다. 흔히 경제학 또는 경제이론이라고 할 때는 이 실증경제학을 가리킨다.

나. 규범경제학(normative economics); 경제정책 등

주관적인 관점에서 규범적인 판단의 자료나 처방의 원리 등을 규명한다. 즉, "C를 위하여 B해야만 한다"라든가, "~하기 위해서는 ~해야만 한다"라는 식의 기술 방식이다. 다시 말해 주장이나 가설에 대한 검증이 불가능하다.

규범경제학은 마땅히 있어야 할 경제상태(What ought to be)가 무엇인가에 대한 판단을 내리는 기준에 관한 이론으로, 가치판단을 하는 것을 전제로 한다.

시사토론의 한 장면을 예로 든다면, 지금 두 사람이 최저임금제에 대해 토론을 하면서, 다음과 같은 대화를 나누고 있었다 하자.

A : "최저임금제는 실업을 유발할 것이다."

B : "정부는 최저 임금을 인상해야 한다."

여러분이 이들의 이야기에 동의하는가를 떠나서 A와 B은 지금 각자 다른 역할을 하고 있다는 것을 알아야 한다. A는 데이터에 의거하여 이야기하고 있다. B은 지금 세상이 어떤 원리에 의해 움직이는지를 이야기하고 있는 것이다. A는 정책입안자처럼 이야기하고 있다. B는 그가 이 세상을 어떻게 변화시키고 싶은지를 이야기 하고 있는 것이다. A는 실증경제학의 입장에서 B는 규범경제학에 입장이라고 볼 수 있다.

2) 기준별 분류방법

- **균형전제기준** : 정태분석(시점균형), 동태분석(시간경로)
- **여타조건기준** : 부분균형분석(특정부분), 일반균형분석(경제전체 동시균형)
- **분석내용기준** : 미시분석(가격기능), 거시분석(총량분석)
  - 미시분석(가격이론) : 개인이나 기업의 경제행위의 내용과 효과에 초점을 두는 이론분야
  - 거시분석(국민소득이론) : 재화 및 용역 총량의 전체적인 흐름에 초점을 두는 이론분야

3) 경제학의 오류

방법론을 잘못 적용하면 오류 가능성이 내재한다.

먼저, 일반화의 오류(귀납)는 몇몇 현상을 일반적인 현상으로 해석해 버리는 것 이다. 예를 들어 '남남북녀(南男北女)', '보기 좋은 떡이 먹기 좋다' 등이 이에 해당된다.

둘째, 인과의 오류(귀납)는 우연한 사건으로 결론을 내려버리는 것이다. 예를 들어 "까마귀가 날자 배 떨어진다"는 '오비이락(烏飛梨落)'이 이에 해당된다.

셋째, 구성의 오류(연역)는 부분 규칙을 전체규칙으로 잘못 추론하는 경우이다. 예로 '절약의 역설(paradox of thrift)[2]'이 이에 해당된다.

---

2) 모든 가계가 함께 절약을 하면 GNP가 감소하는 현상을 말함

제3절 경제체제론

경제체제란 그 사회의 경제활동에 참여하는 사람들의 상호 관계를 규정하는 모든 경제조직, 사회구조, 경제적 규칙들의 집합을 말한다. 이를 설명하면 다음과 같다.

1. 자본주의 경제체제(capitalism economic system)

1) 자본주의 경제체제

생산수단의 사유(私有)를 바탕으로 경제문제가 시장내지는 가격기구를 통해서 자동적으로 조절되는 경제체제를 말한다.

2) 자본주의의 특징

첫째, 사유재산제도이다. 둘째, 교환경제이다. 셋째, 영리추구경제이다. 넷째, 자유경쟁의 원칙이 존재한다. 다섯째, 노동력의 상품화를 기조로 한다.

3) 시장자본주의 장점과 문제점

첫째, 장점으로는 경제적 효율성의 증가를, 단점으로는 소득의 불균등한 분포를 가져다준다.

둘째, 분권화되어 유연한 의사결정을 하는데 반하여 전략산업 육성에 애로가 발생하는 경우가 있다.

셋째, 시장을 통하여 경제 문제를 해결할 수 있다. 그러나 수급의 불일치 등으로 경기변동(실업과 인플레이션 발생)이 발생한다.

넷째, 이윤동기로 생산성 자극을 한다. 그러나 사익을 위해 공공에 피해를 주는 사례가 빈번하다.

결국 이러한 문제를 국유와 공유로 해결하려는 경우가 발생한다. 즉, 사회주의 계획경제체제의 강점을 강화하고자 한다. 대표적인 사례로 중남미국가 중 볼리비아 모랄레스 대통령, 베네수엘라 차베스 대통령의 국유화 등이 이에 해당된다.

2. 사회주의 경제체제(socialism economic system)

1) 사회주의 경제체제

자연자원과 자본 등 생산요소의 소유가 정부 혹은 집단에 속해 사유재산이 부정되고 정부의 계획이나 명령에 의해서 경제활동이 이루어지므로 이를 계획경제체제라고도 한다.

2) 사회주의의 특징

첫째, 사유재산제도를 부정한다. 둘째, 이윤획득동기를 부정한다. 셋째, 자유경쟁의 원칙을 부정(계획경제 준수)한다는 점이 특징이다.

3) 사회주의의 장점과 문제점

첫째, 장점으로는 소득의 균등한 분포를 이룰 수 있다. 반면에 단점으로는 경제적 효율성이 감소하는 문제가 발생한다.

둘째, 전략산업육성에 강력한 힘을 발휘할 수 있다. 반면에 중앙권력 집중으로 왜곡된 의사결정 가능성이 내재해 있다.

셋째, 수급의 일치로 경기변동(실업과 인플레이션 발생)을 극소화할 수 있다. 그러나 중앙통제로 시장기능을 왜곡할 가능성이 매우 크다.

넷째, 공익을 위해 사익에 피해를 주는 사례가 많지만 국가전체를 위해서는 경제정책 수행이 상당히 수월해진다. 그러나 이윤동기로 생산성 자극이 안 되는 문제를 가지고 있다. 따라서 독창적 아이디어 부재, 개인 성취요인 부족을 가져다준다. 그래서 구소련은 집단농장인 콜호스(kolkhos)를 통하여 전체생산 과정에서 각 가정에 일정 토지를 분배하여, 사익을 위해 텃밭경작을 하도록 한 바 있다.

〈그림 1-6〉 **구소련의 텃밭농장 잔재(우즈베키스탄 농가)**

한편, 마르크스(K. Marx, 1818~1883)의 자본론에서는 과학적 사회주의를 주장하였다. 그는 또 경제체제를 분류함에 있어서 원시공산제, 고대노예제, 중세봉건제, 근대자본주의, 사회주의로 나눈 바 있다.

4) 사회주의 체제 붕괴원인

첫째, 사유재산과 이윤추구 부정으로 생산성 저하를 가져다주었다.

둘째, 분배의 불공정성(노동당 중심)문제를 가져다주었다.

셋째, 폐쇄경제로 만성적인 외환부족현상을 가져다주었다.

넷째, 정보의 비대칭성으로 인한 권력형, 경제적 부정 만연하였다.

이러한 사실들이 복합적으로 작용하여 사회주의 체제가 붕괴하기 시작했으며, 자본주의 체제의 장점을 가미한 새로운 수정 사회주의가 등장하고 있다.

3. 혼합경제체제(mixed economic system)

1) 혼합경제체제 의미

시장경제체제와 계획경제체제가 혼합되어 있는 체제를 말한다.

2) 경제체제의 진화

경제체제의 진화는 수정자본주의 vs. 시장사회주의의 경쟁관계를 유지하면서 발전해 왔다. 현대에 와서는 자본주의 장점에 사회주의 장점을 접목한 여러 형태의 경제체제로 진화되고 있다. 일례로 국가의 특수성으로 홍콩과 중국의 혼합경제체제(1국가 2체제)도 등장하였다.

Chapter 02

수요공급이론

1. 시장과 가격의 기능
2. 수요곡선
3. 공급곡선
4. 수요 공급의 균형

Chapter 02

수요공급이론

제1절 시장과 가격의 기능

1. 시장(market)의 의미

지역이나 장소의 개념을 초월해서 상품을 팔 사람과 살 사람의 의사가 합치되는 메커니즘(mechanism)을 의미한다. 즉, 수요와 공급이 만나서 가격이 형성되는 추상적인 기구(mechanism)를 말한다. 다시 말해 시장은 생산물시장(product market)과 생산 요소시장(factor market)이 존재한다.

2. 가격의 기능

1) 수요공급결정

수요(Demand)와 공급(Supply)은 시장을 통해서 결정된다. 즉, 가격이 결정되는 것이다.

2) 가격이란

상품 1단위와 교환되는 화폐의 액수를 말한다. 가격은 2가지 의미를 내포한다.

첫째, 절대가격(absolute price)으로써 상품의 화폐가치를 의미한다.

둘째, 상대가격(relative price)으로써 사과 하나를 살돈으로 구입한 배의 수량을 의미한다.

참고로 유사한 개념으로 잠재가격이 있다. 이는 기회비용이 정확히 반영된 가격(경쟁시장가격)을 말한다. 또한 계산가격이란 시장이 없을 때 계산한 잠재가격을 말한다.

3) 가격의 기능

생산 활동과 소비활동의 지표(indicator)로서 아래 기능을 행한다. 자율적인 배급(rationing)기능을 행하는데 즉, 가격의 매개 변수적 기능 또는 가격의 자동조절기능이라 한다. 아담스미스(Adam Smith)[1]는 이를 보이지 않는 손(invisible hands)으로 표현(후대 경제학자들이 명명)하였다.

3. 가격에 관한 이론; 가치론

1) 사용가치설: A. Smith(1772~1823)[2]

두 가지 가치개념으로 첫째, 어떤 특정재화가 인간에게 만족감을 주는 사용가치가 있다. 둘째, 타 재화를 구매할 능력을 표시하는 교환가치가 있다. 여기

---

1) 아담 스미스(Adam Smith 1723~1790)는 스코틀랜드 출신의 정치경제학자, 윤리철학자로 후대의 여러 분야에 큰 영향을 미친 《국부론》(An Inquiry into the Nature and Causes of the Wealth of Nations)의 저자이다. 고전경제학의 대표적인 이론가인 애덤 스미스는 일반적으로 경제학의 아버지로 여겨지며 자본주의와 자유무역에 대한 이론적 기초를 제공(5장에서 상세 설명)

2) 영국 고전학파의 체계를 완성한 경제학자다. 경제학에 학문적 체계를 제시하였으며, 노동가치설과 비교우위론, 차액지대론 등을 주장하여 후대의 경제학 발전에 단초를 제공하였다.

에서 교환가치란 교환될 수 있는 상대적 가치를 의미한다.

— 가치의 역설 [Smith's paradox]

- 아담 스미스가 《국부론》(國富論)에서 딜레마에 부딪쳤던 문제이다. '스미스의 역설'이라고도 부른다.
- 인간생명 유지에 절대로 필요한 물은 사용가치가 높지만 교환가치가 거의 없다. 반면 다이아몬드는 사용가치가 거의 없는데 교환가치가 매우 높다.

2) 노동가치학설: David Ricardo

사용가치는 인간의 심리적인 것이므로 경제학 대상 아니라고 보았다. 교환가치만이 중요하다는 것이다. 교환가치는 희소성으로 결정(골동품)되고 투입노동량으로 결정(의복 식량 등)된다. 그러나 노동가치설은 이질적인 노동량은 동일한 교환가치 아니라는 치명적인 약점을 보유한다.

— 한계효용이론과 가치의 역설

* 가치의 역설(paradox of value): Smith's paradox

- 가치의 종류 (Smith에 의한 분류)
  ① 사용가치(value in use) : 상품이 소비자에게 필요한 정도. 총효용의 개념.
  ② 교환가치(value in exchange) : 상품이 교환될 때의 비중. 시장가격(상대가격)의 개념.
- 가치의 역설 해결 : 1870년대의 한계효용학파들에 의해 해결되었는데,

재화의 가격은 그 재화의 총효용에 의해서가 아니라 한계효용에 비례해서 결정된다. 물은 다이아몬드에 비하여 총효용은 높으나 한계효용이 낮기 때문에 가격이 낮고 다이아몬드는 그와 반대로 총효용은 낮으나 한계효용은 매우 높다.

3) 한계효용가치학설: H.H. Gossen, C. Menger, W. S Jevons, L. Walras

재화에 내재하고 있는 효용에 의해서 가치의 크기를 설명하고자 하는 이론이다. 한계효용가치설은 아담스미스의 '가치의 역설'을 해결하였다. 그러나 한계효용 크기를 측정하기 불가능하다는 약점이 있다.

제2절 수요곡선(demand curve)

1. 수요의 개념

수요(demand)란 상품을 구매하고자 하는 욕구를 말한다. 수요량(quantity demanded)은 실제 구매하고자 하는 양을 말한다.

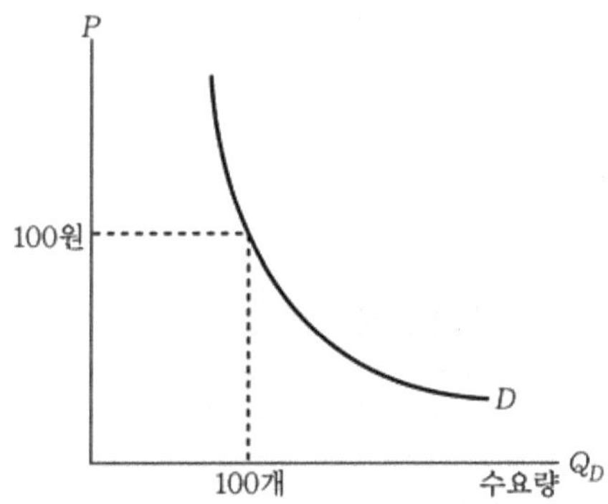

〈그림 2-1〉 **수요곡선**

- 주어진 가격에서 곡선 *D*까지 거리 = 수요량
- 수학적인 관례와는 반대
- 수요가격(demand price): 주어진 수요량에 대응하는 가격

2. 수요량의 특성

수요량의 특성을 살펴보면 다음과 같다.

① 구매하고자 하는 최대의 양(maximum quantity desired)

② 구매력(purchasing power)

③ 유량(flow)의 개념: 일정기간 명시 / 1시간, / 1일, / 1년
예) 저량(stock): 특정시점에서 측정한 경제변수의 양

3. 수요의 법칙

수요법칙은 다른 조건이 일정할 때, 가격의 변화와 수요량은 반대 방향으로 움직인다. 즉, 가격이 상승하면 수요량은 감소한다. 또 가격이 하락하면 수요량 증가한다. 따라서 곡선이 右하향(downward sloping)한다.

4. 수요의 법칙이 성립하는 이유

1) 대체효과(substitution effect)

대체재의 상대가격변화에 따라 소비자균형점이 이동하는 효과를 말한다.

2) 소득효과(income effect):

가계의 소득변화가 가계의 재화수요량에 미치는 영향을 말한다. 즉, 소득이 증가하면, 균형점이 右로 이동한다.

5. 수요량, 수요의 변화

1) 수요량의 변화(changes in quantity demanded)

가격의 변화에 따른 수요량의 변화를 의미한다. 즉, 수요곡선상의 점의 이동을 의미(movement along the demand curve)한다.

2) 수요의 변화(changes in demand)

수요곡선 자체의 이동을 의미(shift in demand curve)한다. 수요의 증가가 이루어지면, 수요곡선의 右로 이동한다. 반면에 수요의 감소가 이루어지면, 수요곡선 左로 이동한다.

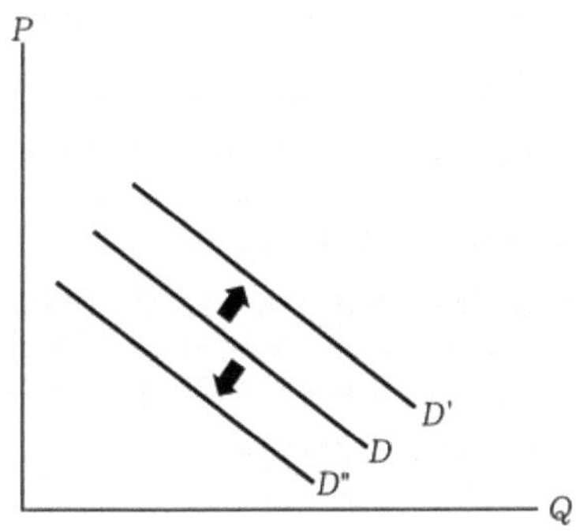

$D \Rightarrow D'$: 수요의 증가(↗)
$D \Rightarrow D''$: 수요의 감소(↙)

〈그림 2-2〉 **수요곡선의 변화**

6. 수요의 변화 요인(결정 변수)

가격은 수요량과 마이너스 상관관계 작용을 한다. 즉, 수요의 법칙(law of demand)이 작용하는데 있어 가격 이외의 결정변수를 보면 다음과 같다.

① 소비자의 소득(income)

일반적인 경우: 소득의 증가 ⇒ 수요의 증가

예) 정상재(normal goods) = 우등재(superior goods)

예외적인 경우: 소득의 증가 ⇒ 수요의 감소

예) 열등재(inferior goods)

② 소비자의 기호(taste)

특정상품에 대한 기호의 변화 ⇒ 수요의 변화

③ 연관 상품의 가격

재화들 간의 관계(대체관계, 보완관계)에서 가격이 결정된다. 한편, 대체관계는 용도가 비슷한 재화들이 서로 다른 재화를 대체할 수 있는 경우를 말한다. 이러한 재화를 대체재(substitute goods)라 한다. 또, 보완관계는 두 개의 재화를 같이 소비해야만 더욱 큰 만족을 얻을 수 있는 경우를 말한다. 이러한 재화를 보완재(complementary goods)라 한다.

가격변화에 따른 수요변화를 살펴보면 다음과 같다. 즉, 한 상품의 가격이 상승하면, 그 상품의 수요량은 감소한다. 이때에 대체재의 수요 증가가 이루어지고, 수요곡선은 右로 이동한다. 보완재의 수요 감소가 이루어지면 수요곡선 左로 이동한다.

④ 소비자의 예상(expectation)

가격상승 예상 ⇒ 수요 증가
가격하락 예상 ⇒ 수요 감소
소득상승 예상 ⇒ 수요 증가
소득하락 예상 ⇒ 수요 감소

⑤ 재산(wealth)

부유한 계층일수록 소비가 많다.

마지막으로 시장수요의 변화요인은 위의 5가지 요인 외에 소비자의 숫자도 있다.

7. 수요 함수(demand function)

수요량과 수요량에 영향을 미치는 요인들의 관계를 함수로 표현 한 것을 말한다. 식으로 나타내면 다음과 같다.

즉, $D_X = D(P_X; I, T, P_R, E, W)$이다. 여기에서 가격 이외의 요인들이 일정하다면, $D_X = D(P_X; \overline{I}, \overline{T}, \overline{P_R}, \overline{E}, \overline{W}) = D(P_X)$로, 이 함수의 그래프가 수요곡선이다.

[소득과 관련한 재화의 종류]

1) 정상재(normal goods): 소득증가 - 수요증가 : 소득감소 - 수요감소.
   → 소득의 수요 탄력성이 양(+)인 재화.
2) 우등재(superior goods): 정상재와 동일하게 소득증가, 수요증가: 소득감소, 수요감소 → 실질소득이 증가할 때 그 수요량도 증가하는 재화를 우등재 또는 상급재.
3) 열등재(inferior goods): (보리, 감자) 소득증가, 수요감소.
   → 그 수요량이 감소하는 재화를 열등재 또는 하급재.
   → 소득의 수요 탄력성이 음(-)인 재화.
   → 열등재 중에서 대체효과보다 소득효과가 더 큰 재화를 기펜재(giffen goods)라 함. (기펜재: 소득이 감소되어도 수요가 증가하는 특이한 재화)

[선호도와 관련한 재화의 종류]

1) 대체재(substitute goods): 커피와 홍차, 돼지고기와 쇠고기 등 서로대용가능.
2) 보완재(complementary goods): 커피와 프림, 밥과 반찬 등 서로 비슷

한 유용성.

3) 독립재(independent goods): 사진기와 테니스라켓, -서로 관련 없음.

[재화와 엥겔법칙 관련성]

- 엥겔계수=음식비/지출액.
- 낮을수록 고소득층.
- 소득이 늘면 음식지출 비중이 줄고, 주거 광열비 불변, 문화지출 증가.

제3절 공급곡선

1. 공급의 개념

1) 공급(supply)

상품을 판매하고자 하는 욕구를 말한다. 즉, 각각의 가격과 이에 대응하는 공급량들의 집합 혹은 대응관계를 말한다.

2) 공급량(parametric function)

실제 판매하고자 하는 양을 말한다. 즉, 일정기간, 공급능력을 갖추고, 공급하고자 하는 특정가격에 대응하는 수량을 말한다.

2. 공급량의 특성

공급량의 특성을 살펴보면, 다음과 같다.

① 판매하고자 하는 최대의 양(maximum quantity desired)

② 생산능력을 갖춘 공급량만을 인정함.

③ 유량(flow)의 개념: 일정기간 명시 / 1시간, / 1일, / 1년

3. 공급곡선(supply curve)

어떤 상품에 대한 공급을 그래프로 표현한 것이다. 즉, 가격과 공급량 사이의 관계를 그래프로 표현한 것이다.

여기에서 공급가격(supply price)은 주어진 공급량에 대응하는 가격을 말한다. 다른 변수들이 동일하다면 가격이 높을수록 공급량이 증가하기 때문에 공급곡선은 右상향한다<그림 2-3>.

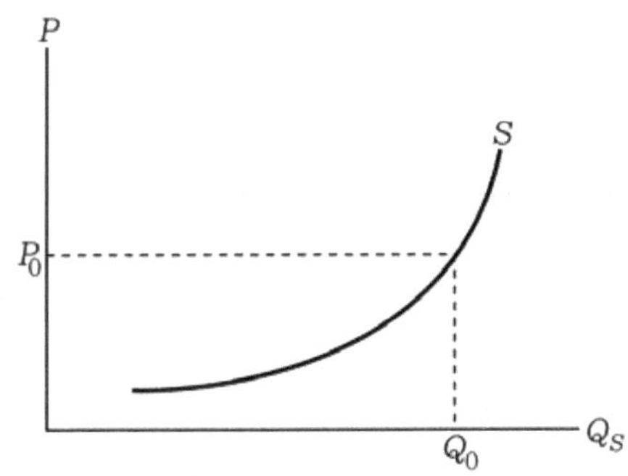

공급가격: P_0 공급량: Q_0

〈그림 2-3〉 **공급곡선**

4. 공급의 법칙(law of supply)

다른 조건이 일정할 때, 가격의 변화와 공급량은 같은 방향으로 변화 한다. 공급의 법칙이 성립하는 이유는 가격상승이 기업 이윤을 위한 생산량 증가, 신기업 진출 등을 들 수 있다.

5. 공급과 공급량의 변화

① 공급량의 변화(changes in quantity supplied)

공급곡선상의 이동(movement along the supply curve)을 말한다. 가격의 변화에 따른 공급량의 변화를 의미한다.

② 공급의 변화(changes in supply)

공급곡선 자체의 이동을 의미(shift in supply curve)한다. 그래서 공급의 증가가 이루어지면 공급곡선은 右로 이동한다. 반면에 공급의 감소가 이루어지면 공급곡선이 左로 이동한다.

6. 공급곡선의 변화 요인

가격 이외의 변화요인을 살펴보면 다음과 같다.

① 생산기술의 진보(technical progress)

② 생산요소가격의 변화

③ 조세 및 정부보조

- 조세의 부과 ⇒ 비용의 증가 ⇒ 같은 가격에도 공급량 감소
- 보조금 지급 ⇒ 비용의 감소 ⇒ 같은 가격에도 공급량 증가

④ 관련 상품의 가격

- 재화들 간의 관계(공급 면에서)
- 대체재: 동일한 자원으로 생산 가능한 두 가지의 재화
- 사과 인상, 공급 증가(사과 재배면적 증가)
- 사과 인하, 공급 감소(배 재배면적 증가 사과 재배면적 감소)
- 보완재: 한 재화의 생산과정에서 동시에 생산되는 다른 재화. (커피와 설탕)

한편, 가격변화에 따른 공급변화를 살펴보면 다음과 같다. 즉, 대체재의 가격 하락이 이루어지면 대체재(사과)의 공급량이 증가하고, 그 상품(배)의 공급량이 감소한다. 이럴 경우 공급곡선은 左로 이동한다.

반대로 대체재(사과)의 가격상승이 이루어지면, 대체재(배)의 공급 감소가 이루어지고, 그 상품(사과)의 공급량은 증가한다. 이때, 공급곡선은 右로 이동한다.

⑤ 생산자의 예상(expectation)

가격상승 예상 ⇒ 공급 감소

가격하락 예상 ⇒ 공급 증가

한편, 시장공급의 변화요인은 위의 5가지 요인 외에 소비자의 수도 있다.

7. 공급함수(supply function)

공급량과 공급량에 영향을 미치는 요인들의 관계를 함수로 표현한 것이 공급함수이다. 이를 식으로 나타내면, $S_X = S(P_X; T_E, P_F, T_a, P_R, E)$로 나타낼 수 있다.

공급함수가 가격 이외의 요인들이 일정하다면, 다음 식으로 나타낼 수 있다. 즉 $S_X = S(P_X; \overline{T_E}, \overline{P_F}, \overline{T_a}, \overline{P_R}, \overline{E}) = S(P_X)$로 표현 할 수 있다. 이 함수의 그래프가 공급곡선이다.

제4절 수요공급의 균형

1. 시장균형과 가격의 결정

1) 초과수요와 공급

초과수요(excess demand)란 주어진 가격에서 수요량이 공급량보다 많은 상태를 말한다. 예로 초과수요가 발생하면, 상품의 부족 현상이 발생한다. 그러면 더 높은 가격 지불 용의를 갖게 된다. 이때에 시장가격 상승이 일어난다. 한편 수요량이 감소하고, 공급량이 증가하면 초과수요량 감소가 이루어진다.

초과공급(excess supply)이란 주어진 가격에서 공급량이 수요량보다 많은 상태를 말한다. 일례로 초과공급이 발생하면 재고의 증가가 일어난다. 이때에 가격이 인하하여 재고 처분이 이루어진다. 결국 시장가격 하락이 이루어진다. 반면에 수요량 증가가 이루어지고, 공급량이 감소하면, 초과공급량 감소가 이루어진다.

2) 초과 수요량과 공급량

주어진 가격 하에서,

[초과수요량(excess quantity demanded) = 수요량 - 공급량]이고,

[초과공급량(excess quantity supplied) = 공급량 - 수요량]이다.

3) 균형(equilibrium)

현재의 상태에서 다른 상태로 변화하려는 유인(incentive)이 없는 상태를 균형이라 한다. 즉, 다시 말해서 외부에서 어떤 힘을 가하지 않았을 때, 정지된 상태를 유지하는 것으로 이해하면 된다.

4) 시장의 균형(market equilibrium)

시장의 균형이란 수요량 = 공급량이다. 초과공급이나 초과수요가 없는 상태이다.

한편 시장의 균형 상태에서 균형가격(equilibrium price)이 형성된다. 즉, <그림 2-4>와 같이 균형거래량과 균형점 E가 형성된다.

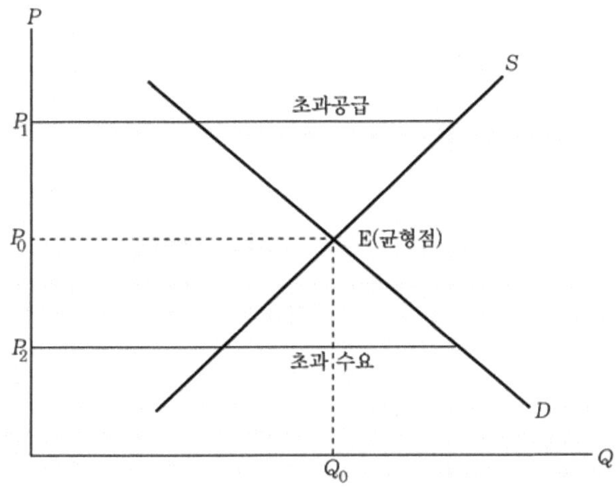

〈그림 2–4〉 **시장의 균형**

2. 시장균형의 변동

시장균형의 변동이란 수요 혹은 공급의 변화에 따라 균형 자체가 변화하는 것을 말한다. 이를 살펴보면 다음과 같다.

1) 수요의 변화

- 공급은 불변이라고 가정함.

- 수요의 증가 ⇒ 수요곡선 右로 이동 ⇒ 균형가격 상승, 균형거래량 증가
- 수요의 감소 ⇒ 수요곡선 左로 이동 ⇒ 균형가격 하락, 균형거래량 감소

2) 공급의 변화

- 수요는 불변이라고 가정함.
- 공급의 증가 ⇒ 공급곡선 右로 이동 ⇒ 균형가격 하락, 균형거래량 증가
- 공급의 감소 ⇒ 공급곡선 左로 이동 ⇒ 균형가격 상승, 균형거래량 감소

3) 수요 · 공급의 4원칙

수요 · 공급의 4원칙을 정리하면 다음과 같다.

〈표 2-1〉 **수요 · 공급의 4원칙**

요 인	균형가격	균형거래량
공급일정 · 수요증가	상승	증가
공급일정 · 수요감소	하락	감소
수요일정 · 공급증가	하락	증가
수요일정 · 공급감소	상승	감소

그레샴법칙과 세상살이

원래 그레샴법칙(Gresham's law)은 "악화(惡貨)는 양화(良貨)를 구축한다(Bad money drives good money out of circulation)"라는 말은 그레샴이 제창한 법칙을 표현한 말이다. 금본위제 시대에서는 원래 금화는 '돈'으로서의 실질적 가치와 화폐 가치가 같았지만, 금 이외의 금속과 섞으면 소재의

가치보다 화폐의 가치가 높았다. 즉, 한 나라 안에 실질 가치를 달리하고 동일 명목 가치를 가진 두 가지 화폐(양화와 악화)가 같이 유통될 때에는 양화(Good Money)가 그 자태를 감추고 악화(Bad Money)만을 쓰게 되는 경향이 있는데, 실제로 그레샴(Thomas Gresham)이 이런 말을 했는지 안 했는지는 알 수 없지만, 1858년 마크 로드라는 사람이 그레샴의 법칙이라고 제창한 때부터 유명해졌다고 할 수 있다.

세상살이가 각박해지면서 양심적으로 살기가 어렵다. 정직하지 못한 사람이 출세를 한다. 즉 악인(惡人)은 양인(良人)을 구축한다. 특히, 사회가 혼란스럽거나, 불투명한 비민주적인 사회에서 더욱 빈번히 발생한다. 이런 사회에서는 악인은 날뛰고 양인은 뒤에 숨어 조용히 지낸다.

3. 가격 통제기능

1) 최고가격제(maximum price system)

정부가 물가안정과 소비자 보호를 목적으로 정책적으로 균형가격보다 낮은 가격으로 최고가격을 설정, 강요하는 제도를 말한다. 일례로 대표적 배분방식인 선착순이나 배급제도가 있다. 이 제도는 독과점 규제수단으로 많이 사용한다.

한편, 이런 경우에 경제적으로 가격규제로 인하여 공급이 수요를 못 따라가기 때문에 불법적인 행위가 발생하는데, 이를 암시장(black market)이라 한다. 이런 모든 경제행위들을 지하경제(underground economy)라 한다. 이러한 시장은 상기와 같이 수요보다 공급이 적은 상태에서 최고가격제도를 시행할 경우 더욱 심하게 발생한다.

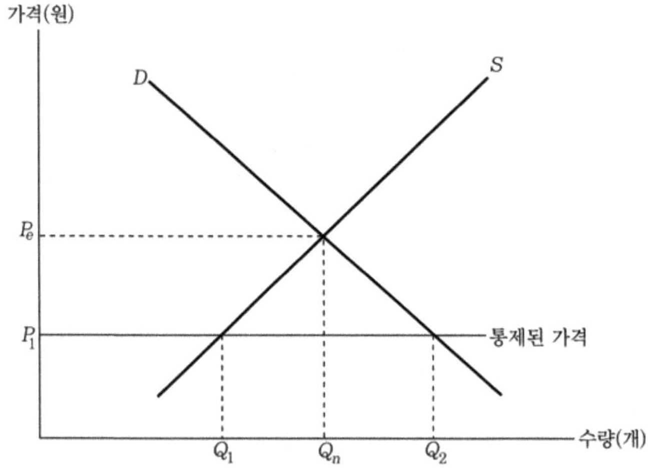

〈그림 2-5〉 **통제된 가격(최고가격제)하에 수요공급곡선**

2) 최저가격제(minimum price system)

정부가 가격보조 목적으로 균형가격보다 높은 수준으로 최저가격을 설정, 그 이상 가격으로 거래가 이루어지도록 하는 제도이다. 예를 들어 미곡 등 농산물의 경우 최저가격제를 시행하면, 비싸게 팔 수 있기 때문에 수요가 한정되어 있음에도 불구하고 초과공급의 발생으로 잉여농산물 축적의 여지가 많다.

특히 노동시장에서 최저가격제를 시행하면, 중·하류층 노동자들의 소득증대효과를 거둘 수 있으나, 고용주들의 노동자 투입 제한으로 노동시장에서 실업을 증대시킬 위험성을 내포하고 있다.

참고로, 이와 관련하여 문재인 정부는 최저임금제(system of minimum wage)를 시행함에 있어서 시급 1만원을 목표로 지속적인 최저급여를 인상시키는 정책을 시행하고 있다.

4. 수요와 공급의 탄력성

1) 수요의 가격 탄력성(price elasticity of demand)

가격이 1% 변할 때 수요량이 몇 % 변하는가를 나타내는 식이다. 이를 식으로 나타내면 다음과 같다. 이와 유사한 개념 중에 교차탄력성(cross elasticity of demand)이 있다[3].

$$\text{수요의 가격탄력성} = \frac{\text{수요량의 변화율}}{\text{가격의 변화율}}$$

2) 수요의 가격탄력성 결정요인

첫째, 대체재의 존재 여부와 수이다. 둘째, 가계소득과 가격의 비율(그 상품의 소비 지출액의 변화)이다. 셋째, 일상생활에서의 중요성(생필품이냐 사치품이냐에 따라 달라짐)이다. 넷째, 구매하는데 걸리는 소요기간의 장단(재화가격이 가계소득에 비중이 클수록 탄력성이 커짐)이다. 대표적인 사례로 대체적으로 비강남권의 부동산가격과 강남권의 부동산가격은 가격탄력성이 다르다는 것도 이와 일맥상통한다.

3) 공급의 가격 탄력성(price elasticity of supply)

어느 상품의 가격이 변화할 때, 그 상품의 공급량이 얼마나 변하는가를 측정하는 척도이다. 즉, 식으로 나타내면 다음과 같다.

$$\text{수요의 소득탄력성} = \frac{\text{수요량의 변화율}}{\text{소득의 변화율}}$$

---

3) 두 재화의 연관성을 측정하는 도구로서 "어떤 상품의 가격이 변화함에 대하여 다른 상품의 수요량의 변화함을 나타내는 지표"이다. 즉, 꽁치의 가격이 인상되어 수요량이 줄어들게 되면, 대체재인 고등어의 수요량이 증가한다. 즉, 꽁치의 가격 상승이 고등어의 수요증가로 이어진 것이다(꽁치 가격↑, 고등어 수요↑).

4) 공급의 가격탄력성 결정요인

첫째, 생산요소의 공급 용이성이다. 둘째, 가격에 따라서 생산비용이 얼마나 변하는가이다. 셋째, 생산하는데 소요기간의 장단(장기인 경우 생산설비 투자로 공급탄력성 커짐)이다.

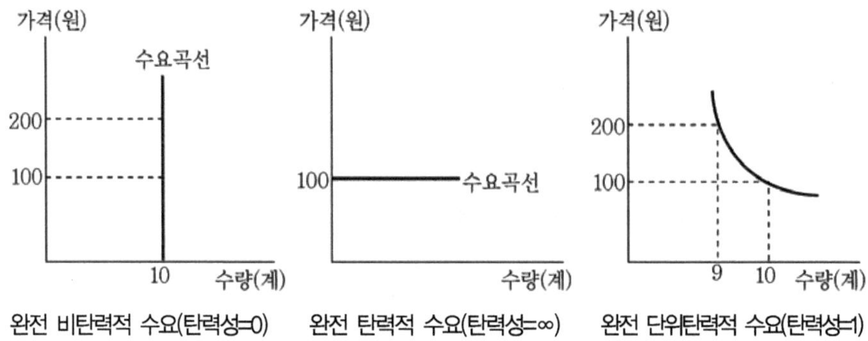

〈그림 2-6〉 **수요곡선의 탄력성**

Chapter 03

소비자선택이론

1. 소비자선택이론
2. 한계효용이론
3. 무차별곡선이론
4. 현시선호이론

Chapter 03

소비자선택이론

제1절 소비자선택이론(theory of consumer's choice)

소비자선택이론이란 한정된 소득으로 최대의 만족을 얻을 수 있게 소비하고자 한다는 합리적인 소비행태를 가정하여 수요곡선이 右하향한다는 것을 설명하는 이론으로 크게 3가지로 설명한다.

① 한계효용이론(theory of marginal utility)

기수적 효용의 개념은 19C 한계효용학파 멩거(C. Menger), 왈라스(L. Walras), 제본스(W. S. Jevons) 등이 주장하였는데, 효용의 측정가능성을 전제(기수적 효용)로 효용극대화의 조건=한계효용균등의 법칙이라고 설명하였다.

② 무차별곡선이론(theory of indifference curve)

이탈리아 경제학자 파레토(V. Pareto), 소련의 경제학자 슬루츠키(E. Slutsky), 미국의 경제학자 알렌(R. G. D. Allen), 영국 경제학자인 힉스(J. R. Hicks)[1]

등이 대표적인 학자이고 기수적 효용 측정 전제를 배제하였다. 즉, 서수적 효용의 측정가능성만을 전제한 이론이다. 특히, 효용극대화의 조건을 유도하여 소비자의 행동원리를 설명하였다.

③ 현시선호이론(theory of revealed preference)

사뮤엘슨(P. A. Samuelson), 힉스(J.R. Hicks), 하우데커(H.S. Houthakker) 등이 대표적인 학자로 효용의 측정가능성을 전면 부인하였다. 실제로 측정된 선호관계만을 이용하여 소비자의 행동원리를 설명하였다. 즉, 소비자의 시장행동에서 출발하여 수요함수가 소비자에게 합리적이기 위해서는 재화에 대해 어떤 현시된 선호순서를 가질 것인가를 고찰하는 것이다. 무차별곡선이론(theory of indifference curve)과 동일한 결과를 도출하는데, 분석과정이 정교하고 복잡하다.

제2절 한계효용이론

1. 효용의 개념

1) 효용(utility)

소비자가 일정기간에 상품을 소비함으로써 주관적으로 느끼는 만족을 의미하는데, 기수(基數)적 효용과 서수(序數)적 효용으로 구분한다. 이를 다시 설명하면, 기수적(cardinal) 효용은 kg이나 cm처럼 크기의 절대적 차이가 중요한

---

1) 슬루츠키 등과 함께 무차별곡선이론을 발전시킨 경제학자로 '가치와 자본'에서 일반균형이론을 전개하고, 수요이론, 분배이론, 후생이론 등 광범위한 분야에 기여한 케인즈학파로 1972년 애로우(K. Arrow)와 함께 노벨경제학상을 받았다.

의미를 가진다. 반면에 서수적(ordinal) 효용은 만족도 크기의 순서로만 측정한 것이다.

2) 총효용(total utility)

총효용은 상품의 소비에서 오는 만족도를 나타내는 것인데, 일정기간 동안 일정량의 상품을 소비함으로써 얻을 수 있는 만족의 총량을 의미한다.

효용함수(utility function)는 재화나 서비스의 소비량과 그에 대응하는 효용의 간의 함수관계로 이를 식으로 다음과 같이 나타낼 수 있다.

즉, U = U(X, Y)로 X : X재의 소비량, Y : Y재의 소비량을 의미한다.

3) 한계효용(marginal utility)

상품의 소비량이 1단위 증가(감소)할 때, 변화하는 총효용의 증가(감소)분을 말한다. 효용극대화 조건은 $M_x/P_x = M_y/P_y$이다. 이는 재화의 소비의 증가에 대한 효용의 증가의 비율이다. 즉, 기하학적으로는 효용곡선의 기울기를 의미한다. 이를 식으로 나타내면 다음과 같다.

$$X\text{재의 한계효용} = M_X = \frac{\text{효용의 증가분}}{X\text{재 소비량의 증가분}} = \frac{\Delta U}{\Delta X}$$

$$Y\text{재의 한계효용} = M_Y = \frac{\text{효용의 증가분}}{Y\text{재 소비량의 증가분}} = \frac{\Delta U}{\Delta Y}$$

한편, 한계효용과 총효용의 관계를 본다면 아래와 같이 정리할 수 있다.

한계효용 $> 0 \Leftrightarrow$ 총효용 증가

한계효용 $< 0 \Leftrightarrow$ 총효용 감소

한계효용 $= 0 \Leftrightarrow$ 총효용 극대

4) 한계효용체감의 법칙(law of diminishing marginal utility)

다른 상품의 소비량은 고정시킨 채 매 회당 한 상품의 소비량을 계속적으로 증가시키면 그 상품의 한계효용은 궁극적으로 감소하는 것을 말한다.

5) 한계효용균등의 법칙(law of equal marginal utility)

주어진 소득으로 여러 가지 상품을 구입할 때 각 상품 1원어치의 한계효용이 균등하도록 각 상품의 구입량을 결정해야 소비자의 효용은 극대가 되는 것으로 소비자 목표=효용극대화(utility maximization)이다.

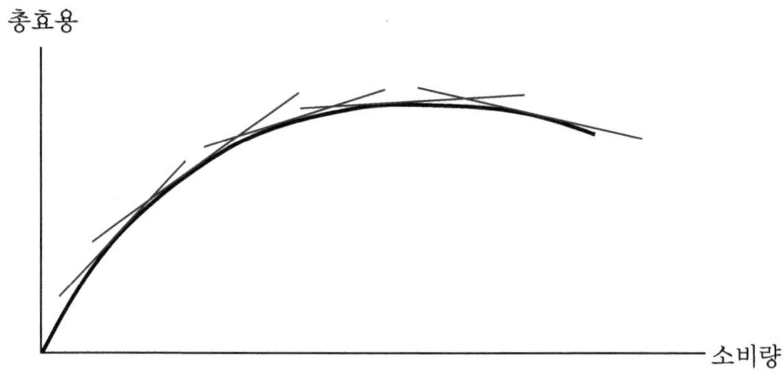

〈그림 3-1〉 **총효용과 한계효용의 의미**

2. 예산선(budget line)

1) 예산선의 의미

주어진 소비자는 주어진 소득(M) 내에서 상품들을 구입해야 하는 예산제약(budget constraint)을 안고 있다. 즉, 주어진 소득 또는 예산을 전부 사용해서 구입할 수 있는 상품의 여러 가지 조합을 나타내는 직선으로서 가격선(price line), 또는 소비가능곡선(consumption possibility line)이라고도 한다. 소득의 증가는 예산선을 오른쪽으로 평행 이동시키고 소득의 감소는 예산선을 왼쪽으로 평행 이동시킨다.

소득과 한 상품의 가격이 일정하고 다른 한 상품의 가격만 변하면 두 상품의 가격비가 변화하고 따라서 예산선은 그 기울기가 변한다. 주어진 소득과 가격의 제약조건 하에서 소비자에게 극대만족을 주는 균형점은 예산선과 무차별곡선이 접하는 점으로서 이 점에서 두 상품의 가격비와 두 상품의 한계대체율이 같다.

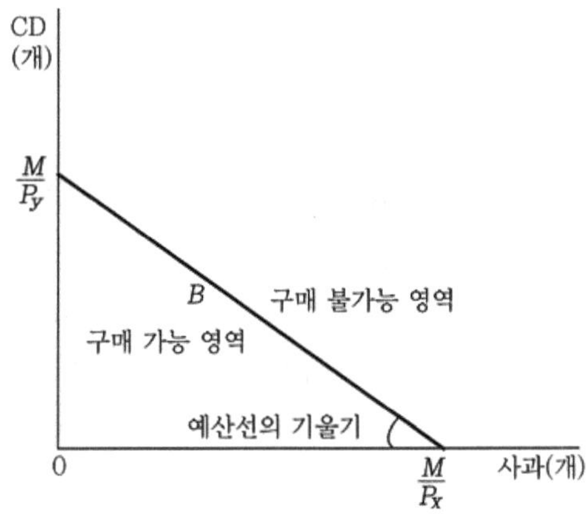

〈그림 3–2〉 **예산선의 의미**

2) 예산선의 변화와 소비자의 균형

(1) 소득효과(income effect)

소득이 증가(감소)하면 예산선이 오른쪽(왼쪽)으로 평행 이동하여 각 상품의 소비량이 변하게 된다. 즉, 소득의 증가 ⇒ 예산선을 상향 이동시키고, 소득의 감소 ⇒ 예산선을 하향이동 시킨다.

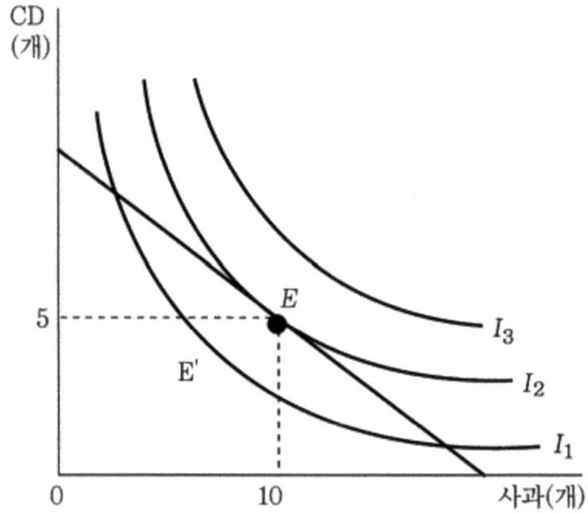

〈그림 3-3〉 **소비자의 효용극대화**

(2) 가격효과(price effect)

가격변동에 따른 수요량의 변동을 의미한다. 즉, 가격효과 = 소득효과 + 대체효과이다. 여기에서 소득효과란 가격하락으로 소득이 늘어날 때처럼 종전보다 상품을 더 많이 사게 되는 효과를 말하며, 대체효과(substitution effect)란 가격변동으로 상대가격이 변하여 상대적으로 싸진 상품을 더 많이 수요하고, 상대적으로 비싸진 상품을 더 적게 수요하는 효과를 말한다.

한편, 대체효과는 항상 가격과 수요량의 변동방향이 반대로 작용해서 음(−)으로, 소득효과의 가격과 수요량의 변동 방향은 음일 수도 있고 양일 수도 있다.

— 소득효과와 대체효과의 측정

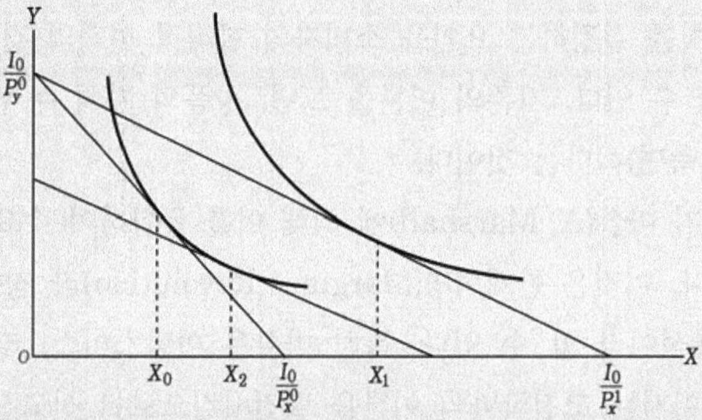

- 가격: P_X^0에서 P_X^1으로 하락.
- 가격효과(price effect): 가격의 변화에 대한 수요량의 총변화량. $X_1 - X_0$로 측정.
- 대체효과(substitution effect): 상대가격에 변화가 생겼을 때, 동일한 효용수준을 유지하게 하는 새로운 균형소비량(X_2)까지의 변화량. $X_2 - X_0$로 측정.
- 소득효과(income effect): 실질소득의 변화로 인한 균형소비량의 변화량. $X_1 - X_2$로 측정.

  따라서, 가격효과 = 대체효과 + 소득효과

  $(X_1 - X_0) = (X_1 - X_2) + (X_2 - X_0)$
- 대체효과의 방향: 무차별곡선이 원점에 대해 볼록하므로 항상 '−' 방향. 가격의 변화와 수요량의 변화는 반대방향.
- 소득효과의 방향: (정상재의 경우)

  가격하락($P_X^0 \to P_X^1$) ⇒ 실질소득 증가 ⇒ 수요량 증가 ($X_0 \to X_1$)

  가격상승($P_X^0 \to P_X^2$) ⇒ 실질소득 감소 ⇒ 수요량 감소 ($X_0 \to X_2$)

  따라서 소득효과는 가격과 반대방향(−)으로 나타남.

3. 한계효용이론의 평가

1) 의의

상품의 가치를 결정하는 요인을 소비자의 합리적 선택의 결과로서 해석(수요의 측면)할 수 있다. 기존의 이론을 보면, 상품의 가치 = 투입된 생산비에 비례(공급의 측면)하다는 것이다.

이후 19세기 마샬(A. Marshall)에 의해 이를 통합하여 수요·공급의 원리로 발전하였다. 이것은 한계혁명(Marginal Revolution)라 칭하는 최초의 과학적 이론 분석이라 할 수 있다. 특히 마샬은 아담스미스, 리카도, 밀(J. S. Mill), 로 이어지는 고전학파의 이론을 발전시킴으로써 신고전학파의 창시자이다. 그의 제자 피구와 더불어 케임브리지학파라고도 칭한다.

2) 문제점

한계효용이론이 기수적 측정 가능성을 전제로 하였는데, 이는 비현실적인 측면이 있다. 즉 사항들의 효용의 크기를 객관적으로 정확히 측정할 수 있다고 가정한 점이 너무 비현실적이라는 한계를 가진다. 무차별곡선이론은 이를 보완하고자 하는 이론이다.

제3절 무차별곡선이론(theory of indifference curve)

1. 무차별곡선(indifference curve)

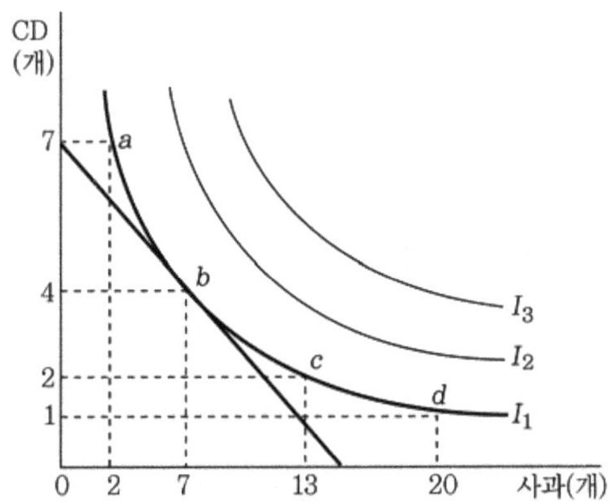

〈그림 3-4〉 **무차별곡선**

무차별곡선이란 소비자에게 동일한 수준의 효용을 주는 상품 묶음을 선으로 나타낸 것이 무차별 곡선이다. 한계효용이론이 기수적 효용을 가정하는데 반해, 무차별곡선이론은 서수적 효용을 가정한다. 같은 만족을 주는 상품의 조합들에 대하여 소비자는 무차별하다고 말하는데, 이러한 상품의 조합들을 연결한 곡선이 무차별 곡선이다.

— 특수한 무차별곡선

① 완전대체재

MRS_{XY}가 체감하지 않고 항상 일정한 경우.

무차별곡선은 右하향하는 직선으로 나타남.

② 완전보완재

다른 재화가 있어야만 효용을 줄 수 있는 재화.

무차별곡선은 L자형으로 나타남.

1) 무차별곡선의 네 가지 특징

무차별곡선의 특징을 살펴보면 4가지로 나눠서 살펴볼 수 있다. 즉, ① 오른쪽에 위치한 무차별곡선일수록 높은 만족수준을 표시한다. ② 무차별곡선은 右하향한다. ③ 무차별곡선은 서로 겹치거나 교차할 수 없다. ④ 무차별곡선은 원점에 대하여 볼록한(convex to the origin) 모양을 한다.

2) 한계대체율(marginal rate of substitution ; MRS)

무차별곡선이 원점이 볼록함을 성명하는 것으로 두 재화 X재(사과)와 Y재(CD)의 한 조합에서 Y재를 덜 갖는 대신 X재를 더 가짐으로써 종전과 동일한 효용수준을 유지할 때 Y재의 감소분(-ΔY)을 X재의 증가분(ΔX)으로 나눈 비율이 Y재로 표시한 X재의 한계대체율이다. 한계대체율(MRS) 을 산식으로 나타내면, $MRS_{XY} = -\Delta Y/\Delta X$로 표시할 수 있다.

다시 말해 한계대체율(MRS)은 X재 한 단위를 증가시킬 때 종전과 같은 만족을 유지하기 위하여 감소시켜야 하는 Y재 수량을 의미하며 X재 1단위에 대한 Y재의 주관적인 교환비율을 의미한다.

3) 한계대체율체감의 법칙(law of diminishing MRS)

한계대체율 체감의 법칙이란 동일한 효용수준을 유지하면서 Y재를 X재로 대체해감에 따라 한계대체율이 점점 감소하는 현상이다. 결국 한계대체율체감의 법칙은 원점에 대하여 볼록한 무차별곡선으로 표시할 수 있다.

제4절 현시선호이론(theory of revealed preference)

한계효용이론이나 무차별곡선이론과는 달리 소비자가 시장에서 보이는 소비행동이 합리적인 선택의 결과라 보고 연구하는 이론이다. 이 이론은 사무엘슨(P. A. Samuelson; 1915~2009)이 창안하고, 힉스(J.R. Hicks; 1904-1989), 하우데커(H. S. Houthakker; 1924~2008)가 발전시킨 이론이다. 현시선호이론은 위 두 이론보다 적은 가정을 사용하여 右하향하는 수요곡선을 도출할 수 있어 보다 우월한 이론으로 평가받고 있다. 이 이론은 미시경제학에서 다루는 학문으로 본 장에서는 복잡한 도출과정이므로 생략한다.

기대효용

- 사람들이 미래에 일어날 수 있는 불확실한 대안에 대한 의사결정을 할 때 선택의 기준으로 삼는 것은 기대소득이 아니라 기대효용임.
- 기대소득은 발생 가능한 모든 사건이 각각 받게 되는 상금을 각각의 사건이 일어날 확률로 가중 평균한 값임.
- 기대효용은 발생 가능한 모든 사건으로 얻을 수 있는 각각의 효용수준을 각각의 사건이 일어날 확률로 가중 평균한 값임.

베블렌 효과(veblen effect)

- 미국의 사회학자 베블렌(Thorstein Bunde Veblen)이 1899년 출간한 저서《유한계급론(有閑階級論)》에서 "상층계급의 두드러진 소비는 사회적 지위를 과시하기 위하여 자각 없이 행해진다"고 주장하였다. 가격이 오르는 데도 일부 계층의 과시욕이나 허영심 등으로 인해 수요가 줄어들지 않는 현상이다. 예를 들어 값비싼 귀금속류나 고가의 가전제품, 고급 자동차 등은 경제상황이 악화되어도 수요가 줄어들지 않는 경향을 말한다.

전시효과(demonstration effect, 展示效果)

- 미국의 경제학자 듀젠베리가 최초로 증명한 이론으로 남의 소비행동을 모방하려는 사회심리학적 소비성향의 변화로 다시 말해 각자의 소비행동이 사회 일반 소비수준의 영향을 받아 남의 소비행동을 모방하려는 사회심리학적 소비성향의 변화를 말함. 명품을 구입하여 다른 사람에게 과시하고자 하는 것을 말한다.
- 중・하류층이 상류층을 따라잡을 수 없음에도 불구하고 적극적으로 동조하여 상류층의 소비행태를 모방하면서 안정감을 느끼는 효과

[베블렌효과(veblen effect)]

- 상류층이 구매가능하면서 남들에게 자신의 부를 과시 가능한 소비행태로 가격이 높을수록 소비를 자극하는 효과.
- 사치재의 고가품-수요법칙에 위배될 수 있음.

※ 추가내용참고 (제3장 소비자선택이론의 참고자료에 상세내용 첨부)

[소비편승효과(밴드웨건효과, band wagon effect)]

- 유행성소비, 더 신축적으로 만듬(2002년 빨간 옷-치우천황)
- 친구 따라 강남 간다는 식의 유행에 따라 상품을 구입하는 소비현상. 유행

에 따라 상품을 구입하는 소비 현상을 뜻하는 경제용어로, 곡예나 퍼레이드의 맨 앞에서 행렬을 선도하는 악대차(樂隊車)가 사람들의 관심을 끄는 효과를 내는 데에서 유래.

- 특정 상품에 대한 어떤 사람의 수요 가 다른 사람들의 수요 에 의해 영향을 받는 현상으로, 편승효과 또는 밴드웨건(band wagon)효과라고도 함.
- 미국의 하비 라이벤스타인(Harvey Leibenstein, 1922~1994)이 1950년에 발표한 네트워크효과(network effect)의 일종으로, 서부개척시대의 역 마차 밴드웨건에서 힌트를 얻은 것.
- 밴드웨건은 악대를 선두에 세우고 다니는 운송수단으로 요란한 음악 을 연주하여 사람들을 모았으며, 금광 이 발견되었다는 소식을 들으면 많은 사람들을 이끌고 몰려갔음. 이러한 현상을 기업 에서는 충동구매를 유도하는 마케팅 활동으로 활용하고, 정치계에서는 특정 유력 후보를 위한 선전용으로 활용함.

[백로효과(白鷺效果, 혹은 속물효과, snob effect)]

- 백로처럼 행동하여 수요를 덜 신축적으로 만듦.
- 다른 사람들이 어떤 상품을 많이 소비하고 있기 때문에 자기는 그 재화의 소비를 중단하거나 줄이는 경우로써, 백로효과는 자기가 다른 사람들과는 격이 다르다는 것을 과시하고자 할 때 나타남.
- 이는 우리 속담의 까마귀 노는 곳에 백로야 가지마라 라는 것처럼 백로의 고고한 심리와 맥을 같이하는 것.
- 예를 들면 청바지가 일반화되어 너도나도 청바지를 입게 되면, 이제 청바지는 격이 낮은 옷이라 생각하고 청바지를 입지 않는 경우.

[립스틱효과(lipstick effect)]

- 대공황기인 1930년대 미국 경제학자들이 만든 용어.
- 소비경기가 좋지 않은 상황에서 립스틱 같은 저가 미용품 매출은 오히려 증가하는 현상을 의미. 즉, 경기 불황기에 돈을 최대한 아끼면서도 품위를 유지하려는 태도를 의미.

• 립스틱효과는 어려운 시기일수록 사람들은 가장 저렴한 비용으로 사치심을 충족할 수 있는 수단을 찾는다는 심리에서 비롯. 립스틱효과는 립스틱뿐만 아니라 고급 커피나 초콜릿 등 저가지만 품위를 유지하기 위한 서비스나 상품도 해당

Chapter 04

생산자선택이론

Chapter 04

생산자선택이론

제1절 기업과 생산함수

1. 기업과 생산

1) 기업(firm)

기업이란 사람에게 유용한 재화나 서비스를 만드는 생산의 조직체이다.

가계나 정부와는 달리 이윤을 추구하고 있다는 점이 다르다. 아울러 기업은 구성의 주체에 따라 그 기업의 형태와 종류가 달라진다.

또한, 기업형태는 기업주체의 단수·복수여부 및 책임의 종류에 의해 결정된다. 따라서 기업형태는 ① 공기업(국영기업·공영기업), ② 공사합동기업, ③ 사기업(개인기업·합명회사·합자회사·유한회사·주식회사·협동조합)으로 분류될 수 있다.

기업의 중요한 사회적 역할은 다음과 같다.

첫째, 국부창출의 원천이며 공용의 주체이며 납세자이다. 둘째, 국민경제성장과 지역사회 개발의 주역이다. 셋째, 문화 창달의 지원체이다. 마지막으로 한 나라의 정치, 경제, 문화적 지위를 결정짓는 사회적 기관이다.

한편, 기업과 달리 이윤을 추구하지 않는 비영리단체도 있다. 비영리단체는 2인 이상의 상근종업원을 가지는 민간의 자발적 단체를 말하는데, 종교단체나 노동조합 등과 같이 그 활동과 생산되는 서비스의 성격상 가계와 명백히 구분되는 단체의 경우 비록 2인 미만의 상근 종업원을 갖는다 해도 비영리단체에 포함된다.

이러한 민간비영리단체의 포괄범위는 활동별 분류에서의 비영리단체의 비영리서비스 생산자의 경우와 동일하지만 비영리서비스 생산자에 포함되지 않은 구내식당운영, 도서출판 및 판매 등과 같은 부수적인 생산 활동과 주택소유 및 임대활동 등을 포함하므로 보다 광범위하다.

한편 비영리단체의 활동은 영리를 목적으로 하지 않기 때문에 가계, 기업, 정부 등 다른 거래주체로부터 수취하는 기부금, 보조금, 회비 등의 경상이전이 운영을 위한 주요한 수입원이 된다. 대표적인 사례로 비영리 단체는 한국에서 가장 큰 학회인 학술단체인 사단법인 한국유통과학회(www.kodisajournals.org), 장학법인인 재단법인 KODISA 재단(www.kodisa.org) 등이 모범적이라 하겠다.

2) 가격결정

가격결정에 있어서 주도하는 기업과 수용하는 기업의 두 가지 특징을 갖는다. 즉, 가격결정기업(price maker)은 독점기업(monopoly)이 대표적이다. 가격수용기업(price taker)은 경쟁시장(competitive market)체제를 갖춘 특징을 갖는다.

기업의 이윤(profit)은 총수입(total revenue)에서 총비용(total costs)을 차감한 금액으로 총수입(total revenue)은 생산물을 구매하는 구매자들에게서 기업이 받는 총액을 의미한다.

2. 생산함수의 기초개념

생산함수(production function)란 일정기간동안 투입되는 생산요소의 양과 투입되는 생산요소로서 얻을 수 있는 최대생산량간의 기술적인 관계를 표현한 수식이다.

소비자는 항상 예산 제약 하에서 있다. 반면에 생산자는 항상 기술 제약 하에서 존재한다. 이러한 상황 하에서 생산함수가 도출되는 것이다. 소비자가 무한대의 예산집행이 가능하거나, 생산자의 기술수준이 무한대라는 가정은 있을 수 없다.

생산요소(factors of production) 혹은 투입물(input)은 상품의 생산에 투입되는 모든 것을 의미한다. 즉, 토지(land), 노동(labor), 자본apital) 등이다.

상기와 같이 생산함수는 주어진 생산요소들과 이들을 사용하여 생산할 수 있는 최대의 생산량과 관계를 나타내는 함수로 나타낸 것이다. 즉, $Q=F(N,L,K)$로 표시할 수 있다. Q: 생산량, F: 생산함수, N: 노동의 투입량, L: 토지의 투입량, 그리고, K: 자본의 투입량을 의미한다.

여기에서는 두 가지 의미를 내포하고 있다. 즉, ① 생산량은 유량(flow)의 개념이라는 점이다. ② 생산함수의 생산량은 최대생산량을 의미한다는 점이다.

3. 생산의 기간

1) 고정요소와 가변요소

고정요소(fixed input)는 주어진 기간 동안 투입량을 변화시킬 수 없는 요소를 의미한다. 즉, 토지, 기계, 공장, 자본 등이다. 반면에 가변요소(variable input)는 주어진 기간 동안 투입량을 변화시킬 수 있는 요소이다. 즉, 노동과 원료는 가변적으로 증가시키거나 감소시키기가 용이하다.

2) 생산의 기간

생산기간은 장기와 단기로 나눌 수 있는데, 단기(short-run)는 고정요소가 존재하는 기간을 의미한다. 반면에 장기(long-run)는 고정요소가 존재하지 않는 기간을 의미한다. 즉, 모든 요소가 가변요소가 될 수 있는 기간을 의미한다.

제2절 생산함수

1. 단기생산함수 개념

1) 가정

생산함수를 설명할 때, 항상 생산요소는 자본과 노동만 있다고 가정한다.

2) 단기생산함수

단기생산함수 $Q = TP = F(N, \overline{K})$라고 표기할 수 있다. 즉, K가 고정으로, 노동의 투입량과 생산량 사이의 관계를 나타내는 것이다.

3) 노동의 평균생산물(Average product of labor)

노동의 평균생산물은 노동 1단위의 생산량을 의미한다. 이를 식으로 나타내면, 즉, 노동의 생산물 $AP_N = \frac{Q}{N}$라고 나타낼 수 있다.

4) 노동의 한계생산물(Marginal product of labor)

노동의 한계생산물은 노동 1단위의 추가 투입에 의한 생산물의 증가량을 의

미한다. 이를 식으로 나타내면,

$$\text{노동생산물 } MP_N = \frac{\Delta Q}{\Delta N} = \frac{F(N+\Delta N) - F(N)}{\Delta N} \text{ 이다.}$$

5) 한계생산물(수확)체감의 법칙(law of dminishing marginal product)

노동의 투입이 증가할수록 생산량은 증가하지만 어느 수준을 지나면 한계생산물은 감소하는 현상을 한계생산물(수확)체감의 법칙이라 한다.

6) 한계생산물과 평균생산물의 관계

한계생산물과 평균생산물의 관계를 살펴보면, 세 가지로 설명할 수 있다.

① $MP > AP$이면 AP 증가한다.

② $MP = AP$이면 AP 최고를 나타낸다.

③ $MP < AP$이면 AP 감소한다.

2. 등량곡선(isoqunant curve)

1) 등량곡선의 개념

(1) 장기생산함수

장기생산함수는 다음 식으로 나타낼 수 있다. 즉, 장기생산함수 $Q = F(N, K)$이다. 이는 그래프를 2차원 평면에 그릴 수 없다. 그러나 이를 등량곡선(isoquant curve)으로 이용할 수 있다.

(2) 슬루츠키 정의

동일한 생산량을 제공하는 투입요소 조합들의 집합을 의미하는데 이것이 등량곡선이다. 이는 효율적인 생산방법을 전제조건으로 한다.

2) 등량곡선의 성질

무차별곡선과 수학적으로는 동일한 개념이다. 따라서 무차별곡선과 동일한 성질을 갖는다. 이러한 성질은 네 가지로 나눠서 설명할 수 있다. 즉,

① 원점에서 멀수록 높은 생산량수준을 나타낸다.

② 무차별곡선은 右하향한다.

③ 등량곡선은 교차하지 않는다.

④ 등량곡선은 원점을 향해 볼록한 모양을 갖는다.

3. 규모에 대한 보수

1) 장기와 규모에 대한 보수

장기에는 모든 요소가 가변요소이다. 즉, 단기에는 불가능한 요소들까지 포함하여 모든 요소가 변할 수 있다는 의미이다. 여기에서 모든 생산요소를 같은 비율로 증가시킬 때 생산량은 어떤 비율로 늘어나는가를 나타내는 것이 규모에 대한 수확(returns to scale)이다. 이를 다른 말로 규모에 대한 보수라고도 한다. 이 세 가지로 구분하여 설명하면 다음과 같다.

① 규모에 대한 보수 증가(increasing return to scale: IRS)로 모든 요소를 일정한 비율 k배로 증가시킬 때, 생산량이 k배 이상 증가하는 경우이다. 이를 설명하면 즉, $F(kN, kK) > kF(N, K)$으로 나타낼 수 있다. 다른 말로 규모에 대한 수확체증 혹은 규모의 경제(economies of scale)라 한다.

— 규모에 대한 수확체증(increasing return to scale) 요인

먼저, 기업의 규모가 증대됨에 따라 전문화된 노동력을 이용할 수 있는 기회가 생김.

둘째, 생산규모가 커질수록 기술적으로 앞선 전문화된 장비사용의 이득을 얻을 수 있음.

셋째, 물리적 법칙과 관련됨. 즉 다양하고 많은 양생산하면서 생산비용 절감함.

넷째, 생산규모가 크면 공정의 잠재적 애로요인이 제거됨. 가동시간이나 해소됨.

다섯째, 생산규모가 커지면 우수한 경영자 초빙기회가 늘어남.

② **규모에 대한 보수 불변**(constant return to scale: *CRS*)으로 모든 요소를 일정한 비율 k배로 증가시킬 때, 생산량이 k배만큼만 증가하는 경우이다. 이를 설명하면, $F(kN, kK) = kF(N, K)$으로 나타낼 수 있다. 다른 말로 규모에 대한 수확불변이라고도 한다.

③ **규모에 대한 보수 감소**(decreasing return to scale: *DRS*)로 모든 요소를 일정한 비율 k배로 증가시킬 때, 생산량이 k배 이하 증가하는 경우이다. 이를 설명하면 즉, $F(kN, kK) < kF(N, K)$으로 나타낼 수 있다. 이를 다른 말로 규모에 대한 수확체감 혹은 규모의 비경제(diseconomies of scale)라고도 한다.

2) 범위의 경제(economies of scope)

다른 제품들을 같이 생산할 때, 비용이 적게 드는 현상을 말한다. 즉, 한 기업이 2종 이상의 제품을 함께 생산할 경우, 각 제품을 다른 기업이 각각 생산할 때보다 평균비용이 적게 드는 현상을 말한다. 예를 들어 대학 구내식당에

볶음밥을 팔고 있는데, 새롭게 김치볶음밥 메뉴를 추가하였다면, 기존 볶음밥을 만드는데 사용하던 기구나 재료를 그대로 활용할 수 있다는 것입니다. 그렇게 여러 제품을 생산하는데 있어서 공동투입요소(public inputs)가 있는 경우 생산하는 재화의 범위를 넓히는 데 더욱 유리해 지는 효과를 말합니다.

기업이나 제품 확장 시 가치사슬(value chain) 중 공유할 수 있는 부분이 있어서 다각화에 유리해질 때 범위의 경제가 있다고 합니다.

3) 기술진보(technical progress)

기술진보 ⇒ 동일한 요소로써 더 많은 생산 가능 ⇒ 등량곡선이 아래로 이동한다. 노동절약적, 자본집약적 기술진보는 상대적으로 노동을 덜 쓰고 자본을 더 쓰는 쪽으로의 진보한다.

소매업태의 진화과정을 보면 기술진보에 의하여 업태혁신이 이루어지는 경우가 한 예로 들 수 있습니다. 진열기구(냉장시스템), 포장기술, 정보기술의 발달로 인하여 저비용운영 시스템을 실현할 수 있는 것도 한 예로 들 수 있습니다.

4. 생산과 비용함수

1) 비용의 기초개념

생산비용(cost of production)은 생산에 투입된 요소의 화폐가치를 의미한다. 예로 임금, 이자, 원료비 등이다.

회계적 비용과 경제적 비용을 설명하면, 먼저 회계적 비용은 실제로 지불된 비용, 명시적 비용을 의미한다. 경제적 비용은 회계적 비용과 잠재적 비용의 합이다. 여기에서 잠재적 비용은 실제로 지불된 비용은 아니지만 기업이 소유하고 있는 생산요소에 대한 기회비용이다. 이를 귀속비용이라고도 한다.

정상이윤은 기업이 그 상품의 생산에 계속 참여할 수 있는 정도의 이윤을 의미한다. 경제적 이윤 = (총수입 - 경제적 비용)인데, 세 가지로 구분하여 설명할 수 있다. 첫째, 경제적 이윤 > 0 ⇒ 회계적 이윤 > 정상이윤, 초과이윤이 존재한다. 둘째, 경제적 이윤 = 0 ⇒ 회계적 이윤 = 정상이윤, 초과이윤이 없으므로 생산 활동 계속한다. 셋째, 경제적 이윤 < 0 ⇒ 회계적 이윤 < 정상이윤, 기업의 탈퇴가 이루어진다.

2) 총비용(total cost)

총비용은 고정비용 + 가변비용으로 $TC = FC + VC$이다. 여기에서 고정비용(fixed cost)은 고정요소에 대한 비용이고, 가변비용(variable cost)은 가변요소에 대한 비용이다. 즉, 생산량에 따라 변화한다.

3) 평균비용(average cost)

평균비용은 생산물 1단위당의 비용으로, 산식으로 설명하면 다음과 같이 설명할 수 있다.

$$\text{평균비용}\,AC = \frac{TC}{Q} = \frac{VC}{Q} + \frac{FC}{Q} = \text{평균가변비용}\,AVC + \text{평균고정비용}\,AFC$$

여기에서 평균고정비용은 우하향하는 쌍곡선이다. 평균가변비용은 U자형이다. 따라서 평균비용곡선도 U자형으로 나타난다(TC곡선과 원점을 잇는 직선의 기울기).

〈표 4-1〉 선택이론 비교

소비자선택의 이론	생산자선택의 이론
두 상품 : X, Y	두 생산요소 : N, K
효용함수 : $U = U(X, Y)$	생산함수 : $Q=F(N, K)$
한계효용체감의 법칙	한계생산물체감의 법칙
원점에 대하여 볼록한 무차별곡선	원점에 대하여 볼록한 등량곡선
한계대체율체감의 법칙	한계기술대체율체감의 법칙
소득제약조건 : $I=PxX+PyY$	비용조건 : $C=wN+rK$
예산선 : $Y=I/Px-Px/Py\ X$	등비용선 : $K=C/r-w/r\ N$
효용극대화조건	최대산출량조건
한계효용균등의 법칙	한계생산균등의 법칙

— 비용의 여러 가지 개념

1. 명시적비용, 암묵적비용, 기회비용, 매몰비용
   ① 명시적비용 : 회계비용
   ② 암묵적비용 : 명시되지 않은 비용
   ③ 기회비용 : 어떤 것을 얻기 위해 포기하는 상대적 모든 비용
   ④ 매몰비용 : 회수가 불가능한 단기 개념의 비용
   ⑤ 명시적비용과 기회비용(암묵적비용(기업의 이윤, 이자소득))을 통틀어 경제적비용이라 한다.
2. 생산비는 두 가지 종류로 구분할 수 있다.
   ① 고정비용 : 회수할 수 없는 단기비용(이자비용, 임대료, 보험료 등). 장기에서는 회수가 가능하다.
   ② 가변비용 : 회수가 가능한 비용(노동비용, 재료비 등).
3. 평균비용과 한계비용
   ① 평균총비용 : 총비용을 산출량으로 나눈 것.
   ② 평균고정비용 : 고정비용을 산출량으로 나눈 것.

③ 평균가변비용 : 가변비용을 산출량으로 나눈 것.

④ 한계비용 : 산출량을 한 단위 증가시킬 때 총비용의 증가분.

4. 평균비용과 한계비용의 관계

① 한계비용 > 평균비용 : 평균비용 ↑

② 한계비용 < 평균비용 : 평균비용 ↓

5. 평균비용과 한계비용을 그래프로 나타내면 아래와 같다.

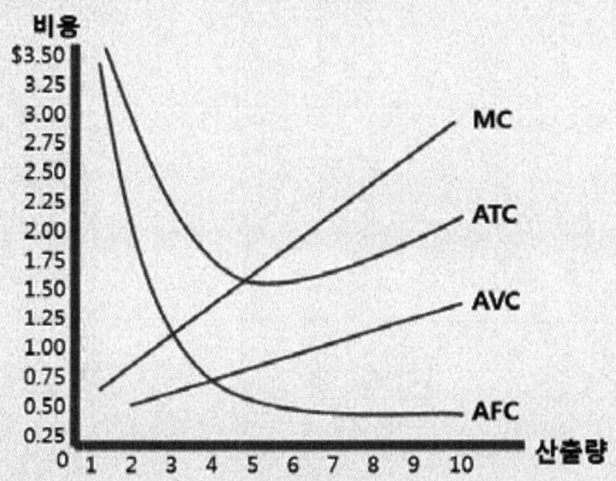

※ 그래프를 보면 쉽게 알 수 있듯이 한계비용곡선은 평균총비용 곡선의 극소점을 반드시 지난다. 그 만나는 점이 최적의 점이며 그 점을 MIN이라고 부른다.

Chapter

05

상품시장이론

1. 시장의 구조
2. 완전경쟁시장의 가격과 생산
3. 독점 시장
4. 독점적 경쟁 및 과점시장

Chapter 05

상품시장이론

제1절 시장의 구조

1. 시장의 개념

수요자와 공급자 사이에 생산물과 생산요소가 교환되고 거래되는 모든 유형, 무형의 공간을 의미한다. 협의의 시장은 특정 장소와 시간에만 거래하는 것으로써 예를 들면 모란시장, 남대문시장 등과 같은 것이다. 광의의 시장은 구체적인 장소와 개념을 초월하여 어떤 상품에 대한 정보가 교환되고 그 결과 거래가 이루어지는 추상적인 조직이다.

2. 시장의 형태구분 기준

시장의 형태 구분기준은 다섯 가지로 구분할 수 있다. 즉, 기업의 수, 상품의 동질성, 시장가격의 지배력, 시장진입 장벽 존재, 비가격경쟁의 존재 등이다.

3. 시장의 형태와 완전경쟁 시장

1) 완전경쟁시장(perfect competition market)

생산자 다수, 상품 동질적, 시장지배력 없다. 이러한 시장은 가격수용자(price-taker)인 시장이다.

2) 불완전경쟁시장(non perfect competition market)

생산자 소수, 시장지배력을 갖추고, 독점은 생산자 1인, 과점은 생산자 소수, 독점적 경쟁은 생산자 다수, 시장지배력, 차별화된 상품의 특징을 갖는다.

제2절 완전경쟁시장의 가격과 생산

1. 완전경쟁시장의 개념

수많은 소비자와 생산자가 주어진 가격에서 동질의 상품을 자유롭게 거래하는 시장을 말한다.

2. 완전경쟁시장 특징

완전경쟁시장의 특징을 보면, ① 다수의 판매자와 구매자 ② 상품의 동질성 ③ 자유로운 진입(entry)과 탈퇴(exit) ④ 완전한 정보이다. 이중에 ①과 ② 는 구매자나 생산자는 가격수용자(price taker)라는 것을 의미한다. 이는 일물일가의 법칙(law of one price)[1]이 작용하는 조건이다.

3. 단기의 균형과 단기공급곡선

1) 기업의 단기균형

기업의 목표는 이윤 극대화이다. 이윤 $\pi = TR - TC(Q)$. 즉, 총수입-총비용이다. 총수입 $TR = PQ$이다.

평균수입(average revenue: AR)은 상품 1단위 당 수입을 의미한다. 계산식을 보면, 평균수입 $AR = \frac{TR}{Q} = \frac{PQ}{Q} = P = constant$이다.

한계수입(marginal revenue: MR)은 추가 판매되는 상품 1단위에 대한 추가수입을 의미한다.

한계수입 $MR = \frac{\Delta TR}{\Delta Q} = \frac{P\Delta Q}{\Delta Q} = P = constant$이다.

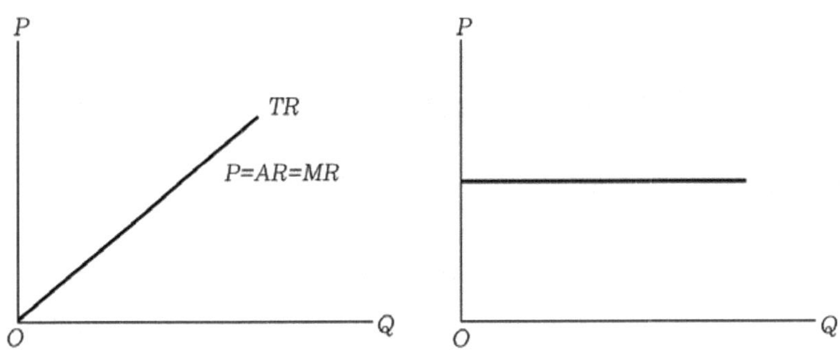

〈그림 5-1〉 **완전경쟁시장의 TR과 P**

평균수입곡선(AR)의 의미는 기업이 직면하는 수요곡선(시장수요곡선과는 별개)을 의미한다.

1) 상품이 동일하다면, 어느 시장에서나 그 상품의 가격은 같아야 한다는 법칙으로 무차별의 원칙이라고도 함.

2) 단기 공급곡선

기업의 공급곡선은 주어진 가격에서 기업이 판매하고자 하는 양을 의미한다. 여기에서 공급량은 MC가 증가하는 구간에서 $P=MC$의 조건에 의해 결정된다.

산업의 공급곡선은 요소가격 불변일 경우 개별기업들의 공급곡선들의 수평합이다. 요소가격 상승할 경우 MC곡선들이 위로 상승하는데, 산업의 공급량 < 기업의 공급량의 총합이다. 요소가격 하락할 경우 MC곡선들이 아래로 하락한다. 산업의 공급량 < 기업의 공급량의 총합이다.

3) 완전경쟁기업과 산업의 단기균형

요소가격 불변을 가정하고, 기업은 $P=MC$에서 생산한다. 시장가격은 수요 = 공급에서 결정된다. 기업은 이 가격을 수용한다. 개별기업은 비용조건에 따라 단기에는 초과이윤을 누릴 수도 있다.

4. 장기균형과 산업의 장기공급곡선

1) 장기균형의 특징

장기균형의 특징은 ① 기업들은 시설규모를 마음대로 선택할 수 있고, ② 새로운 기업들이 산업으로 진입, 기존 기업들이 자유로이 탈퇴할 수 있다는 것이다.

2) 기업과 산업의 장기균형

초기 균형 하에서는 기업은 초과이윤 실현한다. 장기 기존기업 ⇒ 시설규모 확장($SAC_0 \rightarrow SAC^*$). 새로운 기업 ⇒ 진입 시도.(∵ 초과이윤의 존재). 기존기업의 균형생산량 증가, 기업의 수 증가 ⇒ 산업의 공급곡선 우로 이동한다. 이러한 변화는 초과이윤이 존재하지 않을 때까지 계속된다. 장기균형가격 = LAC곡선의 최저점 (초과이윤이 존재하지 않는 점)이다.

- 기업의 장기균형: LAC곡선의 최저점에서 생산.
- 산업의 장기균형: LAC곡선의 최저점에서 균형가격이 결정됨.
- 시장의 장기균형 상태: 기업은 초과이윤 = 0 (정상이윤은 보장됨)
  산업은 진입과 탈퇴의 유인이 없는 안정적인 상태.

3) 산업의 장기공급곡선

요소가격의 변화에 따라 그 모양이 달라진다. 장기에는 공급곡선 우측 이동 (기존기업의 생산량 증가, 새로운 기업의 진입)한다.

〈표 5-1〉 **비용에 따른 산업 비교**

구분	단 기	장 기
비용 불변 산업	• 가격 상승, • 산업의 생산량증가 • 기존 기업은 생산 • 초과 이윤 존재	• 새로운 기업 진입 ⇒ S곡선 우로 이동 ⇒ 가격이 P_0가 될 때까지 q_0의 생산수준으로 돌아 옴. • 산업의 장기공급곡선: LAC의 최저점을 지나는 수평선(요소가격불변).
비용 증가 산업	• 가격 상승 • 산업의 생산량 증가 • 초과이윤 존재	• 새로운 기업 진입 ⇒ S곡선 우로 이동 ⇒ 동시에 LAC 위로 이동 ⇒ 가격이 $P_2 = \min LAC_1$가 될 때까지 진입 • 새로운 기업의 생산량은 새로운 LAC의 최저점의 위치에 의해 결정됨. • 산업의 장기공급곡선 : 右상향하는 모양(요소가격상승).
비용 감소 산업	• 가격 상승 • 산업의 생산량 증가 • 초과이윤 존재	• 새로운 기업 진입 ⇒ S곡선 우로 이동 ⇒ 가격이 $P_2 = \min LAC_1$가 될 때까지 진입 • 새로운 균형 기업의 생산량은 새로운 LAC의 최저점의 위치에 의해 결정됨. • 산업의 장기공급곡선: 右하향하는 모양(요소가격하락).

생산량 증가는 고용 증가를 가져다준다. 여기에서 요소가격 불변이면 비용불

변산업(constant-cost industry), 요소가격 상승이면 비용증가산업(increasing-cost industry), 요소가격 하락이면 비용감소산업(decreasing-cost industry)을 의미 한다.

제3절 독점 시장(monopoly market)

1. 독점의 특징

독점(monopoly)의 특징을 살펴보면 다음과 같다. ① 생산자가 1명이다. 산업=기업인 것을 의미한다. 산업에 대한 수요곡선(右하향)=기업이 직면하는 수요곡선이다. ② 시장지배력(market power), 가격설정자(price-setter)이다. ③ 대체상품이 존재하지 않는다.

2. 독점의 생성원인

독점의 원인, 즉 진입장벽이 존재하는 이유는 ① 규모의 경제(economies of scale)가 장기간 존재하는 경우로 자연독점(natural monopoly) 등이 존재한다. ② 원료의 독점 ③ 법률적 독점; 특허권, 인허가권 ④ 전매제도 등이다.

3. 독점기업의 균형

1) 독점기업의 수요곡선과 수입곡선

기업이 직면하는 수요함수는 완전경쟁기업은 수평선이다. 독점기업은 시장

수요함수로 右하향한다.

2) 독점기업의 단기균형

독점기업의 목표는 이윤의 극대화이다. 즉, $\max\pi = TR - TC$이다.

균형점의 특징(균형조건)은 ① $MR = MC$ ② MC의 기울기 > MR의 기울기이다.

$MR = MC$조건의 의미는 현재 생산량 수준에서 $MR > MC$라면 생산량이 증가하면 이윤 증가한다. 현재 생산량 수준에서 $MR < MC$라면 생산량이 감소하면 이윤 증가한다.

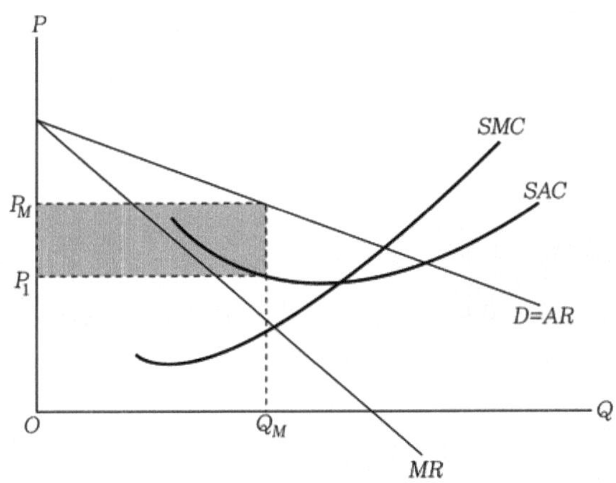

〈그림 5-2〉 **독점의 단기균형**

- $MR = MC$를 만족하는 Q_M에서 생산량 먼저 결정
- 받을 수 있는 최대의 가격 책정
  (P_M: 수요가격, $D = AR$곡선에 의해 결정됨)
- 가격과 생산량이 따로 결정됨
- 막대한 초과이윤 존재(▆) ⇒ 독점이윤= $Q_M \times (P_M - P_1)$
  : P_1: 평균비용

• 독점이윤은 비용조건과 수요에 따라 결정됨

독점기업이 손실을 보는 경우를 살펴보면, 수요가 작아서 가격이 평균비용보다 낮게 형성되는 경우이다. 즉, $P_M < SAC \Rightarrow$ 순손실 발생(그러나 손실을 극소화한다.)한다. $P_M > SAVC$인 한은 생산하는 것이 조업중단보다는 유리하다.

4. 독점기업의 장기균형

장기는 새로운 기업의 진입은 없다. 독점기업은 새로운 시설규모를 선택할 수 있다. 장기균형조건은 $MR = LMC$이다. 장기에도 초과이윤 존재한다.

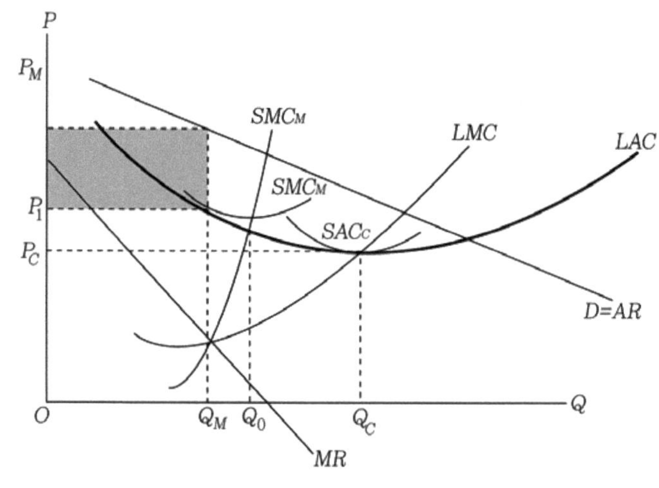

Q_M : 장기균형생산량
Q_0 : 시설규모 SAC_M의 최저 비용 생산량
$Q_0 - Q_M$: 과잉시설(excess capacity)
Q_C : 완전경쟁 장기 균형 생산량(LAC극소)
$Q_M < Q_C$: 과소생산을 통한 독점이윤 실현

〈그림 5-3〉 **독점기업의 장기 균형**

5. 가격차별화 정책

가격차별(price discrimination)이란 같은 상품을 수요하는 성격이 다른 시장에 대해 다른 가격을 책정하는 것이다. 반면에 완전경쟁시장에서는 불가능(1물1가의 원칙)하다.

가격차별화 조건은 ① 구매자 통제 가능한 시장지배력을 보유해야 한다. ② 수요자 성질이 다른 상이한 시장이어야 한다. ③ 수요자간의 재판매가 불가능한 시장의 분리가 되어야 한다. ④ 서로 다른 가격탄력성이다. 위의 조건들이 충족되더라도 각 시장에서 수요의 가격탄력도가 같으면 시장이 같아지게 되어 가격차별화가 이루어지지 않는다.

그러므로 가격을 차별화하는 것이 가장 높은 이윤이 보장된다. 비탄력적인 시장(내수)의 가격은 높게, 탄력적인 시장(해외)의 가격은 낮게 차별화한다.

6. 완전경쟁과 독점의 비교

기술혁신의 효과는 독점의 경우 가격 하락폭도 작고 생산량의 증가도 미미하다. 독점은 사회적 손실을 야기한다.

1) 독점화에 따른 사회적 손실

사회적 후생 = 소비자 잉여 + 생산자 잉여이다. 독점화로 인한 사회적 손실(social welfare loss deadweight loss)이 발생한다.

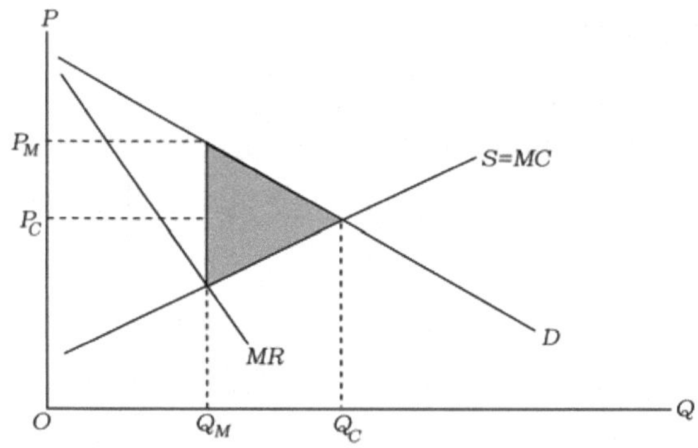

〈그림 5-4〉 **독점화에 따른 사회적 손실**

2) 자원배분의 효율성

완전경쟁은 $P = MC$이다. 독점은 $P > MR = MC$이다. 즉 항상 $P > MC$로 사회적 가치 > 사회적 비용이다. 한편 독점의 경우 과소 생산한다. 독점의 비효율성은 $P - MC$(단위당)이다.

Lerner의 독점도 $= \dfrac{P - MC}{P}$로 독점도가 높을수록 독점 정도가 심화된다(완전경쟁의 경우는 0).

3) 소득분배

완전경쟁은 장기적으로는 초과이윤 존재하지 않는다. 그러나 독점은 장기에도 막대한 초과이윤 존재한다. 주로 자본소득이다. 따라서 소득 불균형이 심화된다. 경제력 집중이 심화되고, 정경유착 및 부패를 유도한다.

4) 기술혁신의 유인

독점의 경우는 초과이윤 ⇒ R&D 투자 용이하게 한다. 이것은 기업의 의지가 문제이다. 기업에 따라 기업 유인이 다르다.

5) 기타

지나친 비대화로 인한 방만한 경영, 관료화, 소비자의 선택의 자유 제한으로 소비자 주권 상실, 민주정치 발전 저해로 인한 정경유착 등이 있다.

7. 독점의 규제와 그 딜레마

1) $P > MC$로 인한 비효율성과 사회적 손실

정부의 규제가 필요하다. 진입장벽을 제거(현재 우리나라의 정책 기조)해야 한다.

2) 딜레마

자연독점의 경우, 진입장벽을 제거해도 참여하려는 기업이 없다. 즉, 막대한 고정비용으로 인하여 장기간 손실 발생하기 때문이다. 규모의 경제로 인하여 완전경쟁 시 순손실 발생, 항상 $P = MC < AC$이다. 완전경쟁 시 순손실, 자연독점으로 진행된 후의 독점이윤이 발생한다. 대부분의 공공재 ⇒ 공기업 또는 보조금 지급 필요하다.

3) 가격차별정책(해결책)

일례로 이중가격제도가 있다. 가격차별을 허용하여 손실분 보충을 한다.

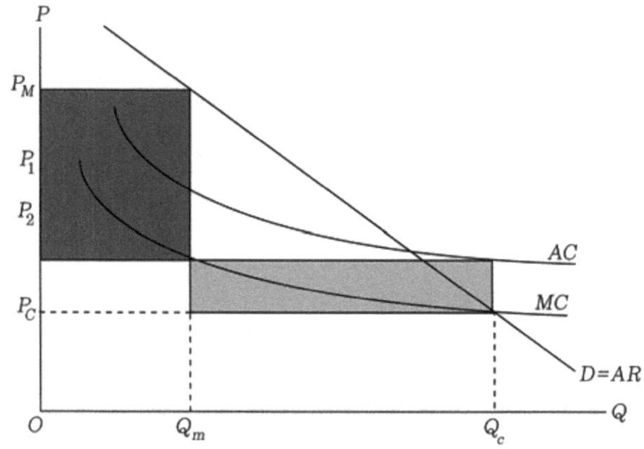

: 손실 (주의: 평균비용은 P_1이 아니고 P_2이다)

: 이윤 총생산량 $= Q_m + Q_C$

예) 가정용 수도 가격 = P_M (가정용 수도요금)

산업용 용수 가격 = P_C (산업용 수도요금)

〈그림 5-5〉 **이중가격제도**

제4절 독점적 경쟁 및 과점시장

1. 독점적 경쟁시장

1) 독점적 경쟁(monopolistic competition)의 특징

독점적 경쟁의 정의는 자유로운 진입과 탈퇴가 가능하고, 약간의 시장지배력을 갖는 것이다. 특징을 살펴보면 ① 다수의 기업 ② 상품차별화 ③ 기업의 자유로운 진입과 퇴거 ④ 비가격경쟁의 존재 등이 있다.

2) 독점적 경쟁기업의 단기균형

독점시장의 경우와 동일하다. $MR = MC$에서 균형을 이룬다. 수요의 크기에 따라 초과이윤 가능하다. 산업의 수요곡선 존재하지 않는다. 개별기업에 대한 분석만이 가능하다.

3) 독점적 경쟁기업의 장기 균형

장기균형조건은
① $P = AR = LAC = SAC$ (진입 소멸의 조건)
② $MR = SMC = LMC$ (이윤극대화의 조건) 등이다.

LAC곡선과 수요곡선이 접할 경우에만 위의 두 가지 조건이 만족될 수 있다. 균형에서 초과이윤 = 0이다.

4) 독점적 경쟁의 평가

독점적 경쟁의 평가를 보면
① $P > MC \Rightarrow$ 자원배분 비효율적이다. 독점의 경우보다는 소비자의 다양한 기호를 충족시킬 수 있다.
② 기술혁신의 측면에서 보면 부정적이다. 단기의 초가이윤으로는 막대한 R&D 투자 난망이다. 비가격경쟁은 외형적인 면에 치우치기 쉽다.
③ 소득분배의 측면에서 보면 독점보다는 약하지만 소득 불평등에 기여한다.

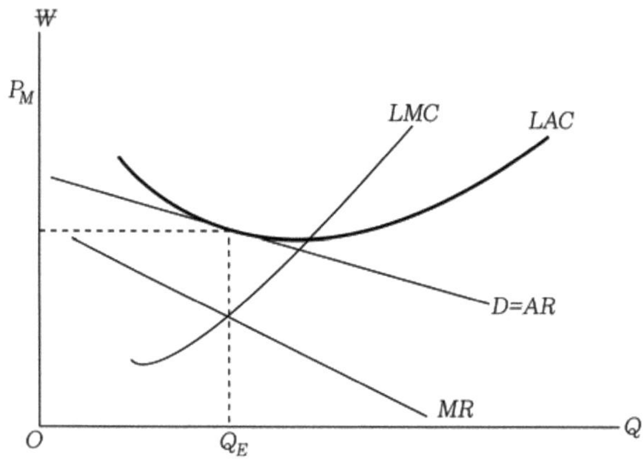

〈그림 5-6〉 **독점적 경쟁기업의 장기균형**

2. 과점시장

1) 과점의 특징

과점(oligopoly)의 정의는 소수의 생산자, 다수의 소비자이다. 복점(duopoly)은 생산자가 둘일 경우이다.

과점시장의 특징은

① 소수의 기업이 경쟁하므로 기업 간의 상호의존관계가 강하다.

② 비가격경쟁과 가격의 경직성이 강하다.

③ 담합이나 공동행위 등 비경쟁행위의 경향이 강하다.

④ 진입장벽 존재이다.

형태는 규모의 경제, 원자재의 소수 독점, 정부의 인·허가 등이다. 전략적 진입장벽은 가격인하로 신기업의 참여 저지, 광고, 차별화된 상품이다.

2) 과점기업의 이론들

(1) 굴절수요곡선의 이론(theory of kinked demand curve)

1939년 미국의 경제학자 스위지(P. M. Sweezy)가 제시한 굴절수요곡선모형(kinked demand curve model)이다. 즉 과점가격의 경직성을 설명하는 이론이다. 과점기업들은 상대 과점기업의 가격정책에 대해 가격인상에는 잘 따르지 않는다. 하지만, 가격인하에는 수요의 감소를 우려해 잘 따른다. 그 결과 과점시장의 수요곡선은 가격인상에 대해서는 탄력적이지만 가격인하에 대해서는 비탄력적이어서 굴절된 형태가 유지된다.

(2) 비가격경쟁 이론

비가격경쟁이론은 ① 상품차별화(상표, 디자인, 성능), ② 광고(홍보적인 광고, 왜곡적인 광고, 전투적인 광고), ③ 판매조건경쟁(품질보장, AS, 경품제도, 할부제도, 카드 사용) 등이다.

(3) 담합(collusion)의 이론

카르텔(cartel)은 명시적 담합이다. 담합의 유인 붕괴의 요인 상존, 위반기업에 대한 효과적인 제재수단이 있어야 성공한다. 자원배분 왜곡하므로 대부분의 국가에서 불법이다. 사례는 OPEC, 불황카르텔 등이 있다.

(4) 가격선도의 이론

선도기업의 가격변화를 다른 기업들이 따르는 것이다. 선도기업은 주로 대기업이다. 수요변화에 대한 불확실성 등으로 인해 암묵적 담합을 한다.

3) 과점의 평가

과점을 평가한다면 첫째 자원배분관점에서 비효율적, 소비자의 다양한 기호를 충족시킬 수는 있다. 둘째, 기술혁신관점에서 치열한 비가격경쟁=장기의 초과이윤을 기술개발에 투자할 유인이 생긴다. 셋째, 소득분배관점에서 불평등도는 독점과 독점적 경쟁의 중간정도이다. 넷째 대항세력의 이론관점에서는 대기업들의 대중조작에 대항하는 소비자단체나 노동조합의 부상 등을 들 수 있다.

— 애플 회장 스티브 잡스의 성공 법칙?

"뛰어난 머리와 개성과 고집스런 인내가 인생의 성공 법칙이다"

세계적인 혁신 기업으로 명성을 얻고 있는 애플의 스티브 잡스 회장이 이런 성공 법칙을 제시했다고 뉴욕타임스가 1월 31일자로 보도했다. 신문은 "인터넷 시대의 시대정신은 '집단 지성'과 '오픈 이노베이션'이지만 이와 반대로 철저한 엘리트주의와 개인주의를 추구하는 스티브 잡스의 경제학이 통하고 있다"고 분석했다.

NYT 분석기사에 따르면 스티브 잡스는 "뛰어나도 그냥 뛰어난게 아니라 10배 이상 뛰어나야한다"는 지론을 갖고 있다. 애플의 연속되는 히트작품에는 스티브 잡스 개인의 성격이 체화되어 있다. 최근 출시된 아이패드에서도 이런 특성이 유감없이 발휘되고 있다. 마치 알프레드 히치콕이 '현기증'을 만들고, 제임스 캐머런이 '아바타'를 만들 듯이 개성이 강한 스티브 잡스가 특유의 작품을 빚어내고 있다.

매킨토시 컴퓨터에서 아이폰에 이르기까지 애플의 제품은 맵시 있고, 강력하며 사용하기 편한 특성을 보여 왔다. 특히 테크놀로지 제품이 갖기 쉬운 모든 것을 담으려는 엔지니어의 욕심을 의도적으로 덜어낸 편집이 돋보인다. 실리콘밸리의 컨설턴트 폴 사포는 "애플을 규정하는 특징은 절제된 디자인"이라고 말한다.

이런 절제는 바로 잡스의 개인적인 기호(嗜好 · taste)다. 신제품을 들고 나올 때 그는 항상 검정색 터틀넥 셔츠에 청바지와 운동화 차림이다. 팰로앨토의 그의 집엔 가구가 별로 없지만, 거실엔 '미국 공예운동의 아버지' 조지 나카

시마가 만든 단순한 디자인의 목제 의자가 있다. 그는 이 의자를 가리켜 우아한 장인의 솜씨라고 설명한다.

그의 제품은 위원회나 시장 조사에 따라 결정되는 것이 아니라 "고집과 인내, 신념과 직관에 의한 것"이라고 동료들은 전했다. 그는 애플의 하드웨어와 소프트웨어 디자인에 깊숙이 개입해 결정을 내린다. 핵심 인력을 고를 때 그는 극도의 엘리트주의에 기반을 둔다. "정말 탁월한 디자이너와 엔지니어, 매니저는 그냥 10%, 20% 혹은 30% 뛰어난 것이 아니고 10배 더 뛰어나다"고 믿고 있다.

스티브 잡스의 중요한 또 다른 성공공식은 예민한 흥행감각이다. 영국의 이코노미스트지는 "애플의 제품은 이미 시장에 존재하지만 미완성된 아이디어를 택해서 어떻게 제대로 사용하는 것인지를 세계에 보여주는 데 탁월하다"고 말한다.

큰 도약을 일으키는 혁신에선 타이밍이 결정적인데, 이를 잡아내는 능력이 스티브 잡스에게 있다. 스티브 잡스는 기술이 말하는 것을 듣고 있다가 기술 진보와 대중의 수요, 적정한 가격이 형성될 때 이를 구체적인 블록버스터로 만들어내 왔다.

그는 아이패드의 미래를 놓고 논란이 있음에도 불구하고, 컴퓨터와 전화, 미디어 등 3가지 산업을 한꺼번에 바꿀 획기적인 제품을 내놓겠다는 꿈에 잔뜩 부풀어 있다

자료원: 세계일보 2010-02-02 자

Chapter 06

거시경제의 이해

1. 거시경제학의 대상
2. 물가의 인플레이션
3. 주요거시경제변수의 정의와 측정
4. 국민소득결정의 두 접근방법

Chapter 06

거시경제의 이해

제1절 거시경제학의 대상

1. 거시경제학의 개관

1) 거시경제학의 등장

20세기 이후 거시경제학이 발전한 이유는 크게 세 가지 사실에 기인한다. 먼저, 각국정부가 전쟁의 효율적인 수행에 실패하면서 1차 세계대전이후 필요성을 느낌에 따라, 통계자료를 체계화하여 거시분석을 과학적 기반을 확립하였다. 둘째, 순환경제현상을 제대로 파악하지 못하여 발생하는 문제점을 해소하기 위하여 경기순환을 분석하기 위하 도구를 개발하기 위해서다. 셋째, 세계대공황을 겪으면서 정상적인 시장기능을 유지하고자 함에서 출발하였다. 이러한 상황에서 경기변동에 관한 케인즈의 주요 아이디어는 1936년 출간한 고용, 이자 및 화폐의 일반이론(The General Theory of Employment, Interest and Money)에서 볼 수 있고 이로 인하여 현대 경제학의 거시경제학 영역을 열게 되었다.

2) 거시경제학의 과제

거시경제이론에서 장기경제성장, 경기순환, 실업, 인플레이션, 국제경제, 거시경제정책이 거시경제이론의 주요 과제이다.

한국에서 거시경제이론으로서 세 마리 토끼는 경제 성장, 물가 안정, 국제수지의 균형인데 세 마리 토끼를 한꺼번에 잡는 것이 경제정책의 목표이다. 그러나 가장 힘든 경제정책이기도 하다.

2. 국내총생산 추이 두 가지 특징

(1) 국내총생산이 지속적으로 성장 - 경제성장(economic growth)

(2) 국내총생산의 성장률이 해마다 달라짐 - 경기변동(business fluctuation)

한국경제는 1970년대 이래 국내총생산은 연평균 8% 정도의 빠른 속도로 성해 왔다. 국내총생산이 연간 8%의 비율로 성장할 경우 약 9년이 지나면 원래의 두 배 수준에 이른다. 일례로 미국은 지난 20년 동안 연평균 3%의 성장율을 기록했는데, 미국 경제규모가 두 배로 커지기 위해서는 23년이라는 세월이 필요했다. 즉, 한국이 고도성장을 구가했었다는 것이다.

경제의 국내총생산과 장기 추세치 사이의 차이를 GDP갭(GDP gap)이라고 부른다. GDP 갭은 양의 값을 갖다가 음의 값을 갖고, 그러다가 다시 양의 값으로 돌아오는 일이 반복되는데 경기변동 또는 경기순환이라 한다. 호황기에서 국내총생산이 가장 높아질 때를 경기의 정점(peak), 가장 낮은 수준으로 떨어질 때를 저점(trough)이라고 한다. 불황기에는 실업이 증가하는 문제가 생기는 반면 호황기에는 물가불안의 문제 발생한다. 현실에서 보는 경기변동은 상당히 불규칙한 변화의 양상을 보인다.

경기변동의 또 다른 특징은 변수들 사이의 공행성(comovement)을 보인다. 즉, 동조현상으로 나타나, 일례로는 국내총생산과 실업률 사이의 관계를 보면 알 수 있다. 공행성 때문에 경기변동이 우리 경제생활에 미치는 영향은 더욱 커지는 결과가 나타난다. 예컨대 불황기에는 생산 활동이 부진해짐에 따라 고용과 임금소득이 떨어지고, 소비와 투자가 둔화되며, 주식 가격이 떨어지고 실업률이 상승하는 등 여러 가지 문제가 한꺼번에 몰려 나타난다.

우리나라의 경우 소비자물가가 지난 30년 동안 연평균 10%에 가까운 비율로 상승. 그 결과 물가는 1970년에 비해 약 10배나 더 높은 수준으로 올랐다. 경제규모가 비교적 작고 외국과의 무역이 큰 비중을 차지하는 우리나라의 경우, 국제경제에 대한 이해는 필수적이라고 할 만큼 중요한 의미를 갖는다. 우리나라의 경우 1970년에 39% 수준이었던 대외의존도가 1997년에 와서는 70% 수준으로 크게 상승했다.

한편, 한 나라에 들어오고 나가는 화폐의 흐름을 함께 모아 정리해 놓은 것이 국제수지(balance of payments)이다. 즉, 국제수지 적자(deficit)와 국제수지 흑자(surplus)이다. 국제수지 흑자도 너무 크면 문제가 될 수 있다. 국제수지는 환율(exchange rate)의 동향과 밀접한 관련이 있다.

— 출구전략(Exit strategy)

장기간의 경기침체로부터 서서히 경제지표가 되살아나는 경기회복의 조짐이 있는 경제상황에서 침체기간 동안 시중에 풀린 과도한 유동성을 부작용이 생기기 전에 회수하려는 전략이다.

원래 출구전략이라는 말은 1970년대 베트남전에 참전했던 미국이 뚜렷한 성과를 거두지 못한 채 미군의 희생만 늘어가자, 희생을 최소화하면서 전쟁에서 빠져나오기 위해 미국 정부가 사용했던 전략의 이름에서 비롯되었다

3. 거시경제학에서의 총수요와 총공급

거시 경제 이론의 분석 과정은 기본적으로 미시 경제 이론의 경우와 크게 다를 바 없다. 즉 수요와 공급의 상호작용에 의해 상품의 가격과 거래량이 결정된다는 기본 골격은 공유된다. 거시경제이론은 개별 시장이 아니라 국민경제 전체에 대해 관심을 갖는다는 점에서 미시경제이론과 차이가 있다. 즉, 하나의 대표상품(representative commodity)을 설정하는 것이 보통이다. 총수요곡선과 총공급곡선의 모양을 결정하고 이동을 가져오는 요인이 무엇인지 알게 되면 경기변동, 인플레이션, 스태그플레이션 등의 현상을 쉽고 체계적으로 설명할 수 있는 길이 열린다.

참고로 비공식적 경기변동의 지표들을 보면 다음과 같은 것들이 있다. ① 경기에 따라 옷들의 색깔이 달라짐, ② 경기가 좋을 때는 밝고 깨끗한 색깔, 경기가 나쁠 때는 어둡고 칙칙한 색깔, ③ 불황이 심해지면서 사탕과 초콜릿 같은 단 음식의 판매량이 늘어남, ④ 여성의 치마 길이의 변화, ⑤ 불황기에는 주로 마시는 술이 위스키나 맥주에서 값이 싼 소주로 바뀜, ⑥ 사람들이 버리는 담배꽁초의 길이도 불황기에는 더 짧아짐, ⑦ 불황기에는 매운 음식이 많이 팔리는 것 등이다. 이러한 지표들은 경제학과는 별개인 것처럼 보일 수도 있으나 다른 시각으로 보면 매우 밀접한 관련성을 찾을 수 있다.

— 치마길이 이론(Skirt-length Theory)

- 미국 경제학자 마브리(Mabry)는 1971년 스커트 길이가 짧아지면 주가가 오른다는 이론으로 1920년대, 1960년대 미국에서 짧은 치마가 유행할 때 주가가 좋았다는 이론.
- 그러나 1960년대 중반 영국에서 탄생한 미니스커트가 경기와 상관없이 유행. 미니스커트 유행은 경기가 나빠지면서 여성들이 초라해 보이지 않기 위해 화려하거나, 짧고 도발적인 옷차림을 시도하는 현상 중의 하나라는 것.

제2절 물가와 인플레이션

1. 물가지수

물가란 국민경제생활을 위한 여러 가지 상품의 가격을 적절하게 평균하여 종합한 것이다. 물가수준(price level)은 각 상품의 가격변화를 측정 한 후, 국민경제에 미치는 가중치를 적용, 가중평균을 정한 것이다. 물가지수를 식으로 나타내면 다음과 같다. 물가지수(PI) = 비교연도 물가수준/기준연도 물가수준 × 100 이다.

한편, 물가지수를 나타내는 지수로는,

① 소비자물가지수, ② 생산자 물가지수, ③ GDP 디플레이터 등이 있다.

2. 인플레이션

1) 인플레이션의 개념

일반적으로 물가의 지속적인 상승현상을 인플레이션이라고 한다.

2) 인플레이션의 원인

(1) 수요견인 인플레이션

사회전체의 총수요가 총공급을 상회하여 초과수요가 발생해서 나타나는 인플레이션 현상을 말한다.

(2) 비용인상인플레이션

임금, 이자율, 원자재, 가격 등의 상승에 의한 인플레이션 현상을 말한다. 이것과 관련하여 임금인상설과 이윤인상설이 있다.

3) 인플레이션의 경제적 효과

인플레이션의 경제적효과는 크게 4가지로 구분 할 수 있다. 첫째, 소득의 재분배효과(월급자 실질소득 감소), 둘째, 자산의 재분배효과(자산가 유리). 셋째, 생산구조와 저축에 미치는 효과(저축 감소, 금융기관 발전 저해). 넷째, 국제수지 악화 효과(수입상품보다 국산품 비싸짐) 등이 있다.

4) 인플레이션 대책

(1) 수요견인 인플레이션 대책

수요견인 인플레이션 대책 중에 총수요 억제방법으로는 통화량 감소, 소비억제, 정부지출 및 독립투자 억제, 총수출 감소 등을 통한 인플레이션 대책이 있다.

(2) 비용인상 인플레이션 정책

수요견인 인플레이션 대책 중에 비용인상 인플레이션 대책으로는 독과점 직접규제, 공공요금억제, 임금인상 상한선 규정(노동생산성 저하 우려) 등이 있다.

(3) 구조적 인플레이션 대책

수요견인 인플레이션 대책 중에 구조적 인플레이션 대책으로는 장기적인 관점에서 유통구조 개선, 고용구조의 유연화 등을 추구하는 것 등이다.

5) 스태그플레이션

비용인상으로 상품가격이 상승하면서 생산이 감소, 실업이 증가하는 서로 상반된 문제가 동시에 발생하는 현상을 말한다.

3. 실업문제

1) 실업의 개념

실업이란 일할 의사와 능력을 가진 사람이 취업의 기회를 갖지 못한 상태이다.

2) 실업의 측정

생산 가능 인구(또는 노동 가능 인구)란 한 나라 인구 중 일할 능력과 의사를 가진 사람으로 경제활동인구와 비경제활동인구로 구분할 수 있다. 첫째, 경제활동인구는 일할 의사와 능력 보유자, 주당 18시간 이상 근로자를 말한다. 둘째, 비경제활동인구는 그렇지 아니한 자를 가리킨다.

3) 실업의 종류

실업의 종류는 (1) 자발적 실업 (2) 비자발적 실업으로 나눌 수 있다.

4) 실업의 대책

실업의 대책은 크게 3가지가 있다.

즉, (1) 마찰적 실업의 대책 (2) 구조적 실업의 대책 (3) 경기적 실업의 대책 등이다.

제3절 주요거시경제변수의 정의와 측정

1. 국내총생산(gross domestic product: GDP)

1) 국내총생산(GDP)

국내총생산은 일정 기간 동안 국내에서 생산된 최종생산물(재화와 용역)의 시장(화폐)가치를 말하는데, 유량 변수(1년이란 주어진 기간에 대해 측정)의 개념이다. 또, 생산의 주체와 무관하게 한 나라의 국경 안에서 생산된 재화와 서비스의 가치 포함한다. 특히, 최종재(final goods and service)만이 포함(중간투입물 제외)된다.

2) 중간재(intermediate goods and service)

중간재는 다른 상품의 생산과정에서 사용되는 중간투입물의 성격을 가진 재화와 서비스이다. GDP 계산에 중간재 포함 시 이중계산의 문제가 발생하므로 제하는 것이 기본이다. 참고로 부가가치(value added)는 각 생산단계에서 새로이 창출된 가치라고 볼 수 있는 부분이다.

한편 국내총생산은 최종재 가치의 합과 부가가치의 합과 같다. 즉, 3부분의 합이 동일하다. 즉, 부가가치는 각종 소득의 형태로 분배한다는 것을 의미한다.

3) 국민총생산(gross national product; GNP)

국민총생산은 일정한 기간 동안 한 나라 국민이 생산한 최종재의 가치이다. 국민 총생산(GDP)은 국내 총생산(GNP) + 대외 순 수취요소소득(NFR, net factor receipt from abroad)이다. 특히, 국내 뿐 아니라 해외에서도 국내총생산을 더 많이 사용하는 추세이다. 이것은 세계화의 진전, 다국적 기업의 증가의 원인이 있다.

4) 명목국내총생산과 실질국내총생산

(1) 명목국내총생산(nominal GDP);

명목국내총생산은 그 해의 가격을 기준으로 삼아 상품 가치 평가를 말한다. 생산량의 변화 뿐 아니라 가격에 생긴 변화에 의해서도 영향을 받는다.

(2) 실질국내총생산(real GDP)

실질국내총생산은 미리 정해진 기준년도의 가격을 기초로 한다. 여기에 생산량의 변화 추이만 반영하며, 경제의 전반적 생산활동 수준을 나타내는 지표로 적합하다. 실질 국내총생산의 규모는 어느 해가 기준이 되는지에 따라 달라진다.

5) 실제GDP와 잠재GDP

실제GDP는 한나라의 경제가 실제로 생산한 모든 최종생산물의 시장가격을 평가한 것이다. 반면에 잠재GDP는 한 나라에 존재하는 모든 생산자원을 효율적으로 고용한 경우 생산 가능한 모든 최종생산물의 시장가치 총액을 의미한다. 참고로 GDP갭은 실제GDP - 잠재GDP이다.

6) 국내총생산을 측정하는 여러 방법

국내총생산을 측정하는 여러 방법 중 3가지를 구분해 보면, ① 생산국민소득=최종생산물의 시장가치, ② 지출국민소득 = 국내총지출, ③ 분배국민소득 = 국내총소득이 있다.

7) 삼면등가의 법칙

삼면등가의 법칙이란 생산, 지출, 분배국민소득이 언제나 서로 같은 값을 갖는 항등 관계에 있다는 법칙을 말한다.

8) GDP의 유용성과 한계성

(1) 유용성

유용성측면에서 보면 ① 국내소득수준을 나타내는 지표로 유용, ② 한 국가 경제활동을 나타내는 지표, ③ 한 국가 국민 후생수준을 나타내는 지표 등으로 유용하다.

(2) 한계성

한계성 측면을 살펴보면 ① 시장에서 유통 안 되는 재화용역 포함(가정주부 가사, 목수의 자기집수리), ② 여가(leisure)나 인적비용 비 산정, ③ 생산과정에서 발생하는 외부불경제문제 비 산입, ④ 질적인 측정이 아니라 양적인 측정 도구(물질적 복지향상 등 과소평가), ⑤ 도박, 사채 등 지하경제(underground economy) 미 계산, ⑥ 금융자산 매매, 부동산 가격변동, 광산 유전발굴 등 미 산입, ⑦ 명목가치를 달러로 계산(환율 미반영) 등이다.

2. 국민소득의 개념들

1) 국내총소득(gross domestic income; GDI)

국내총소득은 국내총생산 + 교역조건 변화에 따른 실질 무역 손익을 말한다.

2) 국민총소득(gross national income; GNI)

국민총소득은 국내 총소득 + 대외 순 수취요소소득인데, 한 나라 국민의 총 실질 구매력을 나타내는 소득지표이다. 한 나라 국민이 누릴 수 있는 경제복지의 수준을 측정한다는 관점에서 국민총소득이 국내총소득보다 낫다.

3) 국민순소득(net national income; NNI)

국민순소득은 국민총소득(GNI) - 감가상각이다.

4) 처분가능소득(disposable income; DI)

처분 가능소득은 국민순소득(NNI) - 사내유보 이윤 - 각종 세금 + 이전지출이다.

제4절 국민소득결정의 두 가지 접근방법

국민소득결정의 두 접근방법을 보면 고전학파이론과 케인지안 이론이 있다. 이를 살펴보면 다음과 같다.

1. 고전학파 이론

고전학파(classical school)이론은 200년 전 아담스미스에서 유래된다. 이 이론이 어긋났던 사례는 대공황 동안의 실업의 발생에서 살펴볼 수 있다. 이 이론에 의하면 공급은 스스로 그 자체의 수요를 창출한다는 세이(Jean-Baptiste Say)의 법칙을 전제로 했다. 물가와 임금의 완전신축성이 있다고 가정하였다. 결국 고전학파는 장, 단기적으로 모두 공급측면의 결정이론이라고 볼 수 있다.

— 세이의 법칙 : '공급은 스스로 수요를 창출한다'

- 고전학파의 논리로 아담스미스의 영향을 받은 프랑스 자유주의 경제학자인 장 바티스트 세이(Jean-Baptiste Say, 1767~1832)의 이름을 딴 경제 사상.
- 공급이 수요를 창출한다는 말 대신에 농부가 곡물을 재배해서 팔면(공급) 그 수입으로 아이들 옷도 구매하고, 책도 구매할 수 있듯이(수요) 어느 한 재화의 공급은 '그' 재화의 수요가 아니라 '다른' 재화의 수요를 창출한다는 것이다. 소비를 위해서는 먼저 생산해야 한다는 의미도 포함하고 있다. 다른 말로 생산을 위해서는 먼저 소비를 해야 한다는 의미이다.
- 세이의 법칙의 요지는 규제를 줄이고 정부 지출과 납세자의 조세 부담을 줄이면 빈곤과 실업 문제는 저절로 해결된다는 내용이다. 또 조세 감면은 기업의 지출 증가와 투자로 이어진다는 것이다. 공급하는 총량이 수요의 총량을 결정하기 때문에, 공급과 수요는 항상 일치하고 완전고용이 달성된다는 논리다. 과잉생산은 있을 수 없다는 고전경제학의 핵심이다. 국민경제는 항상 균형 상태를 유지하는 경향이 있다고 생각했다. 그래서 세이의 법칙에서는 고전학파 논리대로 대량 실업이나 장기 불황은 없다.

2. 케인지안(Keynesian) 경제학이론

케인지안 이론은 세이의 법칙(Say's law)이 아닌 수요가 오히려 공급을 창조함을 강조했다. 즉 유효수요의 중요성을 강조했다. 한편 노동시장은 경직성이 있다고 보았다. 결국 국민소득의 결정은 유효수요에 의해 결정된다는 것이 케인지안 이론이다.

3. 최근의 조류

처음 고전학파가 득세하다가 세계경제공황으로 등장한 케인즈학파가 2차 세계대전 이후 1960년대까지 득세하였다. 그런데 1970년대 들어서서 높은 실업과 함께 높은 인플레시션이 지속되는 스태그플레이션이 발생하기 시작했다. 그래서 새로운 경제학 이론들이 등장하면서 이 두 이론을 보완하는 방향으로 발전하고 있다.

Chapter

07

시장실패와 정부의 역할

1. 시장경제와 정부의 역할
2. 정보의 비대칭성

Chapter

07 시장실패와 정부의 역할

제1절 시장경제와 정부의 역할

아담스미스(adam smith)의 '국부론'에서는 "푸줏간 주인, 양조장 주인, 빵 굽는 사람들의 호의(好意) 때문에 우리가 오늘 저녁을 먹을 수 있는 것이 아니다. 그들은 스스로의 이익을 위해 일한다. 각 개인은 사적 이익만을 추구하지만 이 과정에서 '보이지 않는 손'에 의해 인도되고 있다"고 주장했다. 일례로 삼성전자는 소비자를 위해 좋은 휴대전화를 만드는 것이 아니라 돈을 벌기 위해 노력한다. 이 과정에서 좋은 물건이 나오고 소비자들에게도 도움이 되는 것이다.

1. 시장경제에서 정부의 역할

시장경제를 안 하는 나라인 쿠바, 북한 등은 경제성장이 안 되고 있다. 그러나 시장경제에서 어떤 사람이 이익을 추구하는 과정에서 공익을 해치거나 다른 사람에게 피해를 주면 '시장 실패(market failure)'가 발생한다고 했다.

예로써 부정행위, 새치기, 끼어들기, 음주운전 등은 자기 이익 추구, 공해와

환경파괴, 불법주차, 난립한 간판도 시장실패 사례이다. 이와 상반되는 것으로는 자원봉사, 교통정리, 도로 건설, 다리 놓기, 치안, 국방, 보조금 장려제도 등이 있다.

2. 시장의 실패

1) 시장과 시장실패의 개념

일반적인 시장이란 어떤 물건을 사고팔기 위하여 상호 접촉하는 일련의 개인과 기업군을 지칭하는 물리적인 의미로서도 사용한다. 경제학에서 시장은 자원배분 기구로서의 시장이다. 시장의 제일 큰 덕목은 P=MC 실현 효율 극대화이다.

시장실패는 민간(시장)이 공공이 원하는 결과를 창출하지 못한 상황으로 시장기구에서 자원의 배분이 파레토 효율적이지 못한 상태를 의미한다. 참고로 파레토 효율이란 사회의 어떤 일방의 손실을 초래하지 않고 타방의 이익을 얻지 못하는 상태를 말한다.

정부가 개입하지 말았어야 할 것 3가지를 살펴보면 ⓐ 시장실패로 보았는데 시장실패가 아닌 경우, ⓑ 시장실패에서 시장실패가 아닌 것으로 변한 경우, ⓒ 시장실패를 정부가 더 악화시키거나 해결 못한 경우 등이다.

정부의 개입이 필요한 경우는 ㉠ 시장실패가 명확하게 존재하고 ㉡ 시장실패가 지속적으로 강화・유지되는 상태 ㉢ 정부의 개입이 효과성이 있다고 판단될 때 등이다. 그러나 시장실패는 정부개입의 필요조건이지 충분조건은 아니다.

2) 시장실패의 유형 3가지

시장실패의 3가지 유형을 살펴보면 ① 시장의 기능장애(독점, 자연독점, 불완전한 시장, 불완전고용과 인플레이션) ② 시장의 내재적 결함(공공재, 공유재, 외부성, 정보의 실패 등) ③ 시장의 외재적 결함(소득분배, 가치재의 공급

등) 등이다.

3) 시장의 기능장애

① 독점(monopoly)

한 산업에 유일한 생산자(공급자)가 존재하는 상태, 즉 하나의 기업이 전 시장을 점유하여 경쟁이 결여된 상태이다. 독점이 시장실패가 되는 원인인데 이윤극대화를 위한 과소 생산 즉, 최적생산량보다 적게 생산을 하기 때문에 사회적 후생이 극대화되지 못한다는 점이다.

독점이윤의 개입은 조세, 부담금의 형태로 회수. 그러나 이러한 독점 이윤이 부정, 비리, 변호사 비용 등 쓸데없는 곳에 쓰이는 것이 문제(G. Tullock)이다. 자연독점은 규모에 의한 수확체증의 법칙(law of increasing returns) 때문에 독점의 지위를 누리는 것이다. 즉, 생산자의 생산기술이 생산량이 늘어남에 따라 평균비용이 감소하는 특성을 갖는다.

㉮ 독점의 문제점

독점의 문제점은 2가지로 구분할 수 있는데, ⓐ 완전경쟁시장에 비해 과소생산으로 인하여 경제의 비효율성(dead weight loss) 발생 ⓑ 완전경쟁시장에 비해 소비자 잉여가 현저히 감소하고 초과이윤(부당이득)이 창출되어 진다는 점이다.

㉯ 독점의 해결방안

잠재적 경쟁시장(contestable market)이론으로 설명이 가능하다. 현재 경쟁기업이 없거나 적다고 해도 진입이나 전출에 소요되는 거래비용이 크지 않다면, 비록 소수의 기업만이 존재한다고 하더라도, 그러한 기업들은 잠재적 진입자(potential entrant)를 염두에 두어야 하기 때문에, 가격이나 서비스 등의 차원에서 완전경쟁시장과 다름없는 행동을 한다.

정부의 독점방지책으로는 독과점 금지법, 공정거래법, 자연독점산업의 국유화 · 보조금지급 · 공급가격규제 등이 있다.

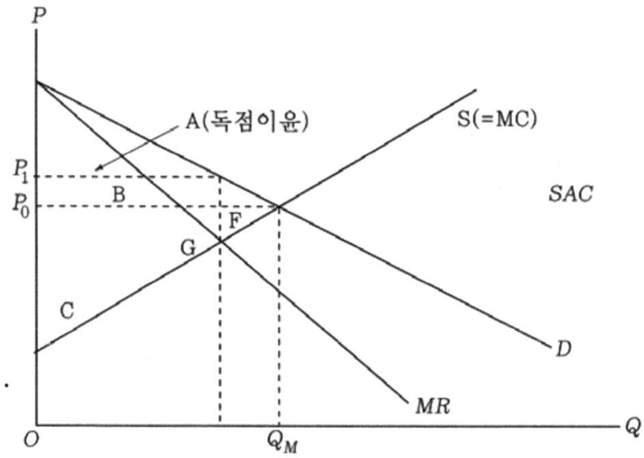

〈그림 7-1〉 **독점과 독점이윤**

시장실패의 사례

(기사 1) 공정위, 교복 가격 담합 제재

- 출고 가격이 8만~10만 원인 2001년 담합 판매 가격이 15만~20만 원

(기사 2) 공동구매로 거품 빼니 교복 값 절반

- 판매가 186,000원 - 동복 99,980원 구입

② 불완전한 시장(incomplete market)

어떤 재화나 용역의 공급비용이 소비자들이 기꺼이 부담하려고 하는 가격보다 적음에도 불구하고 민간시장에 의해 공급되지 못하는 시장을 말한다. 보완적 시장(complementary markets)의 결핍으로 인해 공급에 문제가 발생하는 경우이다.

③ 불완전 고용과 인플레이션

높은 수준의 불완전 고용은 무엇인가 시장기능에 장애가 있다는 것이다.

4) 시장의 내재적 결함

① 공공재(public goods)의 존재

사적재 혹은 민간재(private goods)의 대비되는 용어로 공공재는 정부가 공급하는 국방이나 치안, 교육, 공중보건 등 주로 공공이익을 위한 서비스를 생산하며 제공하는 서비스이다. 이는 소비의 비배제성(non-excludibility)[1]과 소비의 비경합성(non- rivalry)[2]이 높은 재화와 서비스를 말한다. 비배제성은 공급자의 입장에서 소비자를 배제할 수 없는 재화의 성질을 말하며, 비경합성은 소비자의 입장에서 한 개인의 소비로 인하여 타인의 소비를 방해하지 않는 성질을 말한다.

② 공유재(common pool resources)

산림, 어장, 방목장 등 다수의 개개인들이 공유하고 사용하기 때문에 잠재적 사용자들의 배제가 불가능하거나 곤란한 '비배제성'과, 한 개인의 사용량이 증가함에 따라 나머지 사람들이 사용할 수 있는 양이 감소하는 '편익 감소성'을 갖는 자연적 혹은 인위적 시설물들의 총칭이다. 개인적 합리성을 추구하는 사람들이 공유재를 많이 사용함에 따라 이용 가능한 공유재의 양이 점차로 감소하게 된다.

1) 대가를 지불하지 않은 소비를 금지할 수 없다. → 무임승차자(free rider), 국방서비스

2) 어떤 재화나 서비스를 두고 소비자끼리 경쟁하지 않는 것으로 소비자 수가 늘어도 1인당 소비량은 불변이다

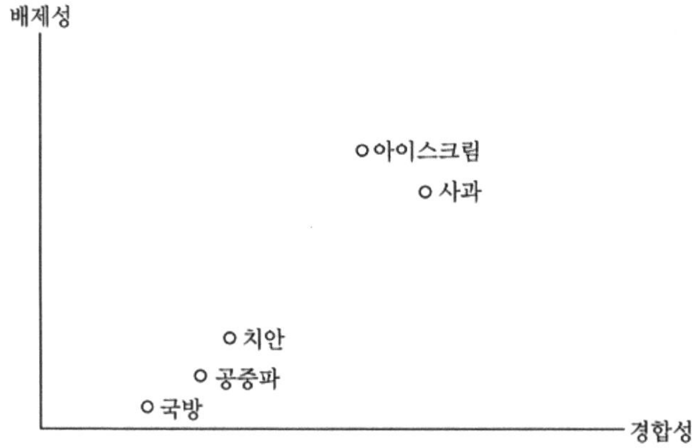

〈그림 7-2〉 **배제성과 경합성**

[Tiebout Hypothesis 티부가설(voting with their feet : 유권자들이 자신의 선호표시)]

- 몇 가지 조건이 충족된다면 주민들은 공적재(정부가 제공하는 Service)를 자신이 선택한다.(ex: 자신이 선호하는 곳으로 자발적 이주)
- 지방 공공재의 경우 인구의 이동성, 공공서비스와 조세에 대한 완전정보, 다수의 지방자치단체의 존재, 외부효과의 배제, 토지 이용 제한 등과 같은 전제하에서는 분권화된 시장 메커니즘에 의해서도 지방 공공재의 효율적 공급이 가능하다는 이론이다. 여기서 각 지방정부로 하여금 공공서비스의 효율적 공급을 유발시키는 주민의 이동은 발에 의한 투표(voting with their feet)라고 불린다.
- Tiebout 가설은 현실적으로 가설자체가 비현실적인 면이 많고, 우리나라 지방정부는 그런 유인을 생산할 수 있을 만큼 독자적이거나 자율적인 재정 정책은 취할 수 없다는 것이 문제이다.

〈그림 7-3〉 **우도의 유인등대와 무인등대**

〈그림 7-4〉 **남한산성 유원지 약수터**

— 개릿하딘(Garrett Hardin)의 공유재의 비극(tragedy of the commons)

- 좋은 목초지에 모두가 다 소를 몰고 오면 나중에는 황무지가 될 수밖에 없다는 내용
- 각 개인이 사회 전체적 최적수준의 소비량을 무시한 채, 개인적인 최적수준으로만 소비하려고 할 때 발생되는, 개인적 합리성과 집단적 합리성간의 딜레마

- 결국 이러한 딜레마상황은 공공재의 경우와 마찬가지로 정부의 간섭과 규제를 정당화시킴

③ 외부성(externality)[3)]

특정 경제주체의 행위가 다른 경제주체에게 중요한 영향을 미침에도 불구하고 그 영향에 대한 청산이 시장구조를 경유하지 않는 현상을 말한다. 돈이 오가지 않는 것으로 생산이 사회적으로 바람직한 수준보다 과대 또는 과소 생산된다는 점이다. 정의 외부성은 과소생산을, 부의외부성은 과대생산이 문제이다.

④ 정보의 실패(비대칭성)

비대칭적 정보(asymmetric information)란 시장에서 어떤 수요자 혹은 공급자가 상대공급자 혹은 수요자보다 더 나은 정보를 가지고 있는 상황이다. 정보의 실패는 정보의 비대칭성에 기인한 것이다. 이를 크게 나누어 보면, 역 선택, 도덕적 해이, 위임자-대리인문제로 분류할 수 있다. 대표적인 사례로 도덕적 해이, 역선택, 중고차 시장, 유해식품 유통 등이 있다. 이 에 대한 설명은 다음 절에서 자세히 기술한다.

— [외부성 사례; 환경오염 등]

1. 환경오염

마을 사람들이 빨래, 생활용수, 여가를 위해서 마을 냇가를 선용

---

3) PIMFY현상 NIMBY현상에 대하여 정책 보조금, 세제혜택 등 조장정책 부담금, 중과세 등으로 규제정책을 사용한다.

• 공장이 생기면서 폐수가 시냇물을 오염(부의 외부성)

2. 양봉업자와 과수업자

• 과수원근처에서 양봉업을 함으로 인해서 과수원의 수확량이 증가(정의 외부성)
• 생산에 있어서의 상승작용(시너지 효과)

3. 지역사회커뮤니티(마을 흉가)

• 마을 입구의 흉가로 인해 그 마을 전체의 지대하락 (부의 외부성)

4. 교통문제(도로의 혼잡가중)

• 도로에 차들이 진입함으로써 기존에 있던 차량들 평균주행시간이 길어짐 (부의 외부성).

[외부성 해결 사례; coase theorem]

1. 외부성에 대한 현대적 시각

① 재산권적 권리(property rights)가 잘 정의되어 있고(well defined)
② 거래비용(transaction cost)이 낮으면 비록 외부성이 존재한다 하더라도 시장은 최적생산량에 귀결될 수 있다는 것

• 즉 ①과 ②만 충족시켜주면 시장이 알아서 최적 생산량에 도달하기 때문에 정부는 ①과 ②만 충족시켜주면 됨. 이것은 사회적 후생을 극대화 시켜서 효율적인 결과를 생산한다는 의미
• 재산권적 권리란 전통적인 재산권을 의미하는 것이 아니면서 청정권, 혐연권 같은 재산권과 유사성을 갖는 권리를 말함
• 거래비용은 교환에 있어 가격을 제외한 거래의 모든 수반 비용으로 ① 탐색 비용, ② 조직화 비용, ③ 협상 비용으로 구성

2. coase theorem 적용을 통한 흉가문제 분석

- 마을 50가구, 흉가 수리 3,000만 원의 비용이 요구-흉가 수리 마을 전체의 지대 200만 원씩 상승 가정
- 먼저 정부는 흉가에 대한 소유권과 처분권을 명확하게 규명
- 다음으로는, 흉가 주인과 마을 사람들 간의 타협을 조정하는데 드는 거래비용을 최소화하는 것
- 첫째, 마을 사람들끼리 흉가 수리 or 흉가주인과 마을 사람들이 합작해서 흉가수리
- 코즈정리에서 재산권 설정은 효율적 배분만을 보장할 뿐. 재산권이 어떻게 설정되는가에 따라 소득분배가 달라지게 된다는 점에서 코즈정리의 한계

〈그림 7-5〉 **제주도의 풍치(과소생산)와 S공장의 매연(과대생산)**

5) 시장의 외재적 결함

① 소득분배

계층 간의 부익부 빈익빈, 지역 간 및 산업 간의 불균형, 글로벌적 차원에서의 남북문제, 제3세계문제 등이 바로 소득분배의 문제이며 시장실패의 주요한

요인이 되고, 정부의 조정을 필요로 하다. 정부는 주로 생산요소의 소유량을 조정한다. 사례로 토지개혁, 상속세개혁 등 정책수단을 사용한다. 한편, 생산요소의 가격을 조정하기도 한다. 즉, 최저임금제, 누진세제도 등의 정책수단을 이용한다.

부의 분배차원에서 계층별 소득분배를 측정하는 방법으로는 10분위 분배율(deciles distribution ratio), 로렌츠곡선(Lorenz curve) 및 지니계수(Gini's coefficient)가 있다.

소득분배 불평등 측정 지표

1. 10분위 분배율 (deciles distribution ratio)

소득분배의 정도를 나타내는 측정비표 중에서 가운데 빈부의 격차를 가장 잘 설명해주는 것으로 알려져 있다. 10분위 분배율은 한 나라의 모든 가구를 소득의 크기순으로 배열하고 이를 10등급으로 분류하여, 소득이 낮은 1등급에서 4등급까지의 소득합계를 소득이 가장 높은 9, 10등급의 소득 합계로 나눈 비율을 말한다.

2. 로렌츠곡선 (Lorenz curve)

소득분포의 불평등도를 측정하는 방법으로 가로축에 소득액 순으로 소득 인원수의 누적 백분비를 나타내고, 세로축에 소득금액의 누적 백분비를 나타냄으로써 얻어지는 곡선이다. 로렌츠곡선이 볼록하게 배가 부를수록 '배부른 자들이 많다. 고로 불평등하다'고 보면 된다.

3. 지니계수 (Gini's coefficient)

로렌츠곡선의 상태를 계수화(기수화)하여 로렌츠곡선의 한계를 어느 정도 극복해 준 측정지표로 대각선(균등분포선) 아래의 면적(삼각형)에 대하여 대각선과 로렌츠곡선 사이의 면적이 차지하는 비율을 말한다.

3. 정부실패(government failure)

1) 정부실패의 개념

시장에 맡겨두었더니 과소생산, 과대생산으로 최적생산량을 생산하지 못하고, 소득배분에 있어서도 불균형이 지속성과 명확성을 보이는 등의 바람직하지 못한 결과를 초래한다. 이에 정부가 직・간접적으로 개입을 하였으나, 원하는 결과를 얻지 못하는 것을 말한다. 시장결점을 보완하기 위한 정부활동이 본래 의도한 결과를 나타내지 못하거나 기존의 상태를 더 악화시키는 경우이다.

〈표 7-2〉 **슬루츠키에서 정부실패로**

<table>
<tr><th>18C-19C</th><th>경제대공황</th><th colspan="2">발전행정론&신행정론</th><th>공공관리론</th></tr>
<tr><td>시장만능</td><td>시장실패</td><td>정부만능</td><td rowspan="3">정부실패</td><td rowspan="3">시장, 정부의 조화</td></tr>
<tr><td rowspan="5">완전경쟁
시장을
전제로,
보이지 않는
손이 모든
것을 해결</td><td>불완전한 경쟁</td><td>공정거래보장</td></tr>
<tr><td>공공재 공급 부족</td><td>강제적 공급</td></tr>
<tr><td>외부효과</td><td>조세와 보조금</td><td rowspan="3">내부성
X의비효율성
단기적 결정
정부팽창
파생적외부
효과
권력 특혜</td><td rowspan="3">1. 정부가 해야 할 일과 해서는 안 될 일을 구분
2. 정부가 할 수는 있으나 민간이 더 잘할 수 있는 일을 구분
3. 정부기능 수행방식 선택</td></tr>
<tr><td>경기불안정</td><td>재정조작</td></tr>
<tr><td>소득불균등</td><td>사회보장정책</td></tr>
</table>

2) 최근의 추세(작은 정부론)

1970년대 스태그플레이션이 발생한 이후부터 신자유주의에 기초한 작은 정부론이 강세이다. 정부의 규제를 완화하여 민간의 자율성을 증대시키는 추세이다. 통화주의 학파인 밀턴 프리드만(Friedman, M)에 의해서 대두되었다.

〈표 7-3〉 시장실패와 정부실패의 원인 비교

개념	시장실패	정부실패
원인	• 공공재의 존재 • 외부성 • 독점의 존재 • 수익의 증가와 비용의 감소 • 정보의 비대칭성 및 불완전성 • 소득분배의 불공평성	• 정부조직의 내부성 • 파생적 외부성 • 비용과 수익의 절연 • 조직내부의 비능률성 • 독점성 • 권력과 특혜에 의한 가치배분 불공평성 • 정보의 불충분
대책	정부규제 및 정부개입 필요	민영화 및 규제완화 필요

(1) 비시장(정부)수요와 공급의 특징

비시장(정부)수요와 공급의 특징을 보면 정부수요와 정부공급의 왜곡으로부터 유발하는 것이다. 이를 살펴보면 다음과 같다.

① 수요의 특징

ⓐ 시장실패에 대한 일반적인 인식의 고조

언론매체나 정치꾼들 및 특수이익집단들: 뉴스거리가 될 만한 것들을 확대하려고 하는 유인을 갖는다. 정부개입을 통해 자기들의 특수이익을 강화시킬 수 있는 압력단체들은 정치적 노력을 효과적으로 동원하여 시장결점을 과장하려고 하고, 또한 정부행위로부터 얻을 수 있는 편익을 강조한다.

ⓑ 정치적 조직화와 권익신장

과거에는 소극적이었던 많은 이익집단들이 정치적으로 점점 조직화됨에 따라 그들의 권익신장을 추구한다. 정부에 압력을 행사하여 그들의 영향력을 행사한다. 경실련, 참여연대, 건강연대 등 정부의 각종 정책을 비판하고 또 대안을 제시한다.

ⓒ **정치적 보상구조의 왜곡**

실질적인 정책집행에는 책임을 지지 않으면서 문제점만을 집약하고 공개하며 그것의 해결책을 입법화하려고 애쓰는 정치인, 공무원들에게 돌아가는 것을 말한다. 한건주의, 가시화, 인기위주의 행정, 정치를 통하여 문제를 해결하려고 하며, 이 때문에 무책임한 정책행위를 유발한다.

ⓓ **정치행위자들의 높은 시간 할인율**

선거직의 짧은 임기 때문에 정치인들이 갖는 시간할인율(time-discount rate)은 사회의 시간할인율보다도 높은 것이 일반적이다. 정치인들은 미래에 생기는 편익과 비용에 대해서는 무감각한 반응을 보이지만 현재 또는 가까운 장래에 생기는 편익이나 비용에는 지나치게 집착한다. 국회의원들은 4년간의 짧은 임기 동안에 재선을 위해서 무엇인가 가시적인 것을 한 건 올리려고 하는 경향이 강하다.

ⓔ **편익과 비용 간의 절연**

정부정책으로 인하여 편익을 누리는 집단과 비용을 부담하는 집단이 서로 다른 것을 편익과 비용간의 절연(decoupling)이 발생한다고 말한다.

② 공급의 특징

ⓐ **산출물의 정의와 측정상의 어려움**

양으로 측정하는 것이나 질로써 평가하는 것이 매우 어렵다. 이와 같은 이유 때문에 정부산출물들은 국민계정 속에 투입물의 가치로서 측정되는 것이 용인된다.

ⓑ **독점생산**

독점적 관할권이 법률적으로 위임되거나 행정적으로 용인되거나 또는 두 경우 모두 허용되는 단일기관에 의해서 공급되는데, 이와 같은 독점상태가 경쟁으로 연결되는 경우는 거의 없다.

ⓒ **생산기술의 불확실성**

관련 관료들은 비효율적인 생산방법을 채택함으로서 자신들의 사리를 추구하려는 유인을 갖게 되어 결국 정부실패가 유발한다.

ⓓ **종결 메커니즘의 결여**

정부활동이 성공적이지 못할 때, 그것을 종결시킬 수 있는 신뢰할 만한 종결 메커니즘도 존재할 수 없게 되어, 조세감면조치의 경우 그 정책적 목적이 지났음에도 계속 그대로 유지되는 경우가 많다.

— 파생적 외부성으로 인한 실패사례

옛날 이탈리아의 아브루치라는 작은 마을에서는 독사가 자주 출현하여 목숨을 잃는 사람들이 많음.

이에 정부당국이 주민들의 불안감을 들어주기 위하여 독사를 없앨 목적으로 독사를 잡아오는 사람들에게는 얼마간의 상금을 주기로 함.

그렇지만 이와 같은 정부당국의 방침이 알려지자 정부의 상금을 탈 목적으로 자기 집 지하실에서 독사를 사육시키는 사람들이 등장함.

독사를 없애려고 한 정부의 목적은 오히려 엉뚱한 결과를 초래하게 됨.

(2) 비시장(정부)실패에 대한 대안

① 민영화(privatization)

ⓐ 민영화의 필요성

민영화의 필요성은 정부의 실패가 원인이다. 따라서 ㉠ 절약과 능률의 확보, ㉡ 작은 정부 구현, ㉢ 민간 영역의 활성, ㉣ 주민 결정권의 확대 등 을 통한 시장실패요인을 제거하기 위한 정책이다.

ⓑ 민영화의 이점

민영화의 이점을 살펴보면 ㉠ 효율성의 제고, ㉡ 규모의 경제, ㉢ 행정의 민주성 제고, ㉣ 업무의 전문성 제고, ㉤ 행정서비스 질의 향상, ㉥ 민간 경제의 활성화 등이다. 그러나 무분별한 민영화는 민간 기업에 특혜를 주고, 보다 더 큰 시장실패요인으로 작용하기도 한다는 점에서 경제정책을 시행함에 있어서 신중을 기하여야 한다. 예를 들어, 공공성이 짙은 병원이나 수도, 전기, 도로 및 철도 등의 민영화는 커다란 재앙이 될 수도 있다.

ⓒ 민영화의 한계

민영화로 전환하기는 쉽다. 그러나 그로인한 문제점은 크다. 따라서 이를 시행하기 위해서는 신중한 자세가 필요하다. 민영화의 한계를 보면, ㉠ 공공의 관심사가 민간부문의 책임으로 전가. ㉡ 정치권, 관련공무원과의 결탁이나 이권에 연루될 소지 ㉢ 수익성이 높고 다루기 쉬운 고객에게는 충실하지만 저소득층 등 그렇지 못한 고객에게는 소홀히 취급하거나 서비스를 기피하는 형평성 문제 ㉣ 정부의 지식, 기술, 관리능력을 축적할 기회를 박탈하는 문제 ㉤ 이윤보장이 안 된다면 언제라도 서비스 공급의 공공성을 무시하고 사업을 포기할 가능성 내재 ㉥ 현실적으로는 원가계산에 기초서비스 제공비용(공공비용)이 정부에 의해 공급할 때보다 상승할 가능성이 높다는 점 등이다.

ⓓ 민영화의 방법 및 전략

민영화 방법과 전략은 ㉠ 정부기능의 민간이양, ㉡ 주식 혹은 자산의 매각(load-shedding), ㉢ 계약에 의한 민간위탁(out-sourcing), ㉣ 지정, 허가에 의한 독점판매권(franchising), ㉤ 보조금 지급(granting), ㉥ 증서 또는 서비스 구매권의 제공(vouching), ㉦ 자원봉사(volunteering), ㉧ 정부 간 협력(inter-government agreement) 등이 있으며, 이외에도 co-production, 민관공동출자사업, 사용자부담원칙에 의한 공공서비스전달 등이 있다.

② 제3섹터(the third sector)의 등장

공공부문과 민간부문이 공동 출자하여 독립적으로 만든 합동법인 형태의 기구를 지칭한다. 제1섹터를 지방자치단체나 공기업 등의 공공 부문이다. 제2섹터를 민간기업 등의 민간부문이고, 최근 각광받는 분야가 제3섹터(민관합동방식)이다.

이런 한 사례는 선진국의 사례로는 나라마다 약간의 차이는 있지만 제3섹터의 원조라 할 수 있는 독일의 공사 혼합기업, 일본의 제3섹터, 프랑스의 혼합경제회사, 미국의 PPP(private public partnership) 등이 있다. 한편 미국에서 제3섹터의 개념은 재단, 교회, 노조 등 비영리 또는 비정부단체를 의미하는데 일번적인 의미와 다르다.

제3섹터의 방식은 대부분 BOT(건설-운영-기부 채납)방식으로 추진되고 공공 부문과 민간 부문이 공동 출자하여 법인을 건립하고 그 법인이 정부와 계약을 맺고 사업계획을 수립하며 자금조달과 건설시공 그리고 일정기간동안 사후관리 운영하여 투자수익을 실현한 후에 정부에 그 시설에 대한 모든 권리를 양도하는 것이다.

제2절 정보의 비대칭성

1. 정보의 비대칭성

1) 정보의 비대칭성의 개념

거래에 있어 가장 중요한 정보의 일부가 거래 일당사자에는 알려져 있으나, 다른 당사자에는 알려져 있지 않은 상황을 말한다. 즉 시장에서 거래 쌍방 중 한쪽만이 특정 정보를 가지고 있는 현상을 의미한다. 정보의 비대칭성은 역선택(adverse selection)과 도덕적 해이(moral hazard)를 발생시키는 원인이다. 역선택이란 정보의 차이로 인해 정보가 부족한 경제 주체가 불리한 선택을 하는 것을 의미하며, 도덕적 해이란 특정 계약 후 정보의 차이를 악용하여 비도덕적이고 비윤리적인 행위를 수행하는 것을 의미한다.

2) 역선택(adverse selection)

① 역선택의 개념

계약당시 일방의 계약당사자의 숨겨진 속성에 대한 비대칭적 정보로 인하여 시장실패가 발생하는 경우를 말한다.

② 중고차 시장에서의 역선택

중고차 시장에서의 역선택을 살펴보면, 판매자입장에서 평가할 때, 문제가 없는 차 보다는 구매자가 알지 못하는 정보와 상관없이 좋은 가격으로 팔려는 입장으로 판단한다. 반면에 구매자 입장은 반대의 사고로 접근하는 것이다.

③ 보험시장에서의 역선택

각기 다른 사고확률을 보험가입자의 외관으로 판단하지 못한다면(중고차를 겉으로 보고 판단할 수 없는 것과 같이), 보험회사는 같은 보험료를 징수할 수 밖에 없고(중고차가 같은 가격에 거래되듯이), 이 경우 자신의 사고확률이 높다고 생각하는 사람들이 보험가입을 선호하게(하등품 중고차만이 시장에 나오듯이)될 가능성이 있다.

④ 금융시장에의 역선택

우리나라 1997년 IMF 관리체제하에서 겪어서 알고 있듯이, 많은 고통을 기업이나 국민들이 겪어야만 했다. 내 자신이 자산이 얼마이든지 상관없이 은행에서 조기 대출금회수는 기업과 가계의 도산을 초래했다. 반대로 은행에서 대출자금의 회수가능성을 사전에 알 수 없다면(중고차를 겉으로 판단할 수 없고 보험가입자의 외관을 보고 사고확률을 알 수 없듯이), 은행은 같은 이자율을 부과할 수밖에 없고, 이 경우 수익률과 부도의 가능성이 동시에 높은 곳에 투자하려는 기업들이 더 많이 대출자금을 원하게(고, 하등품의 중고차만이 시장에 나오고, 고위험 유형의 사람이 보험가입을 선호하게) 될 가능성이 있다. 이에 따라 대출자금의 횟수 가능성이 줄어들게 되어 은행의 비용은 증가한다.

⑤ 역선택의 극복방안

역선택의 극복방안은 ⓐ 보증제도(품질보증서, 제조물 책임법, 유해식품회수제도 등) ⓑ 상표부착의 의무화(상품에 대한 불확실성을 줄임) ⓒ 체인제도(상품의 품질에 대한 정보의 부족, 불확실성을 줄여줌) ⓓ 공인제도(KS마크, Q마크 인증절차과정을 통하여 질에 대한 불확실성을 감소) ⓔ 허가제도(의사, 변호사, 건축사 원자력 건설업자 등 불확실성감소) 등으로 해결할 수 있다.

— 불량상품만 나도는 레몬시장의 법칙

미국의 경제학자로 2001년에 노벨 경제학상을 수상한 캘리포니아 대학교 버클리 교수 조지 애컬로프(George Akerlof)가 1970년 미국의 계량경제학 잡지에 "레몬시장: 품질의 불확실성과 시장 메커니즘(The Market for Lemons: Quality Uncertainty and the Market Mechanism)이라는 논문을 발표하면서 레몬시장의 법칙(Law of Lemon Market)한것에서 유래된다. 원래 영어 레몬(lemon)은 속어로 불쾌한 것, 불량품이란 뜻이다. 겉모습은 예쁘지만 속이 너무 시어서 먹기 어려운 레몬의 속성에 비유해서 불량상품에 대한 지칭으로 사용한다. 애컬러프는 사례로 '중고차시장의 비대칭정보 문제;를 들었는데, 중고차시장에는 겉은 멀쩡해도 속은 문제가 많은 불량 차와 속까지 정상인 차가 섞여 있는데, 중고차시장에서 정상 차를 팔려는 사람은 1,000만 원, 불량 차를 팔려는 사람은 200만원을 받으려 한다고 가정하고, 또한 정상 차를 사려는 이는 1,200만 원, 불량 차를 사려는 이는 300만 원까지 낼 뜻이 있다고 가정할 경우, 차를 팔고 사는 쪽 모두 어느 차가 정상이고 어느 차가 불량 차인지 분명히 알 수 있으면 문제가 없지만, 정상 차와 불량 차를 구분할 길이 없기 때문에 매물로 나온 중고차의 값어치를 넘겨짚을 수밖에 없다. 그래서 중고차 가치의 기대 값(expected value)을 750만 원으로 책정한다. 그렇다면 결국 시장에서 정상 차는 모두 자취를 감추고 불량 차만 남게 된다는 논리이다. 그레샴 법칙과 유사한 개념이다

3) 도덕적 해이(moral hazard)

① 도덕적 해이의 개념

시장이 위험(자원)을 효율적으로 배분하지 못하는 것을 도덕적 해이라 한다. 경제학적으로 볼 때, 정상적인 시장을 해칠 수 있는 경제주체들이 자신들이 빠져나갈 구멍만 찾고 도덕적, 윤리적, 경제적 태도 및 행동상의 위험 또는 위협적인 요인이다. 대표적인 예로 기업인들이 부정을 저질러도 기업의 경쟁력을

위해 대기업의 CEO에게는 관대하다든지, 기업들이 대출을 과다하게 해 기업을 키워놓으면 정부가 그 기업이 망하도록 내버려 두지 못한다는 것으로, 이것을 "한국의 대기업 대마불사론"이 한 예로 대표적인 도덕적 해이 이다. 한편, 경제학에서는 도덕적 행위가 숨겨진 행동(hidden action)이 있을 때 발생한다고 분석한다.

② 보험시장에서의 도덕적 해이

의료보험에의 가입으로 인한 필요 이상의 지나친 병원방문, 자동차보험 가입으로 인한 자동차 운전시의 주의소홀, 도난보험 가입으로 인한 소지품의 관리소홀, 화재보험 가입으로 인한 화재예방 조치에의 무관심하다. 따라서 이로 인한, 보험금을 노린 생명보험 가입자의 살해, 화재보험금을 노린 방화 등이 발생한다. 화재경보기 설치 시 안전 불감증으로 번져서 예방조치에 소홀하거나, 자동차 보험에 가입한 사람은 보험으로 인한 심리적 안도감 때문에 그만큼 교통사고 위험에 대한 두려움에서 탈피하여 안전운행에 대한 주의를 소홀히 할 수 있고 자동차도난보험에 가입하게 되면 그만큼 자동차의 도난방지를 위한 예방조치에 소홀하게 되는데 이러한 행위는 도덕적 해이의 한 측면이다.

③ 노동시장에서의 도덕적 해이

개개인의 작업을 일일이 직접 관찰, 통제하는 것은 불가능하므로 노동자들은 근무를 태만히 할 가능성이다. 성과급, 승진 등이 있는데 이들을 통하여 어느 정도는 노동자들의 도덕적 해이를 막을 수 있다.

④ 도덕적 해이의 극복방안

ⓐ 탐색(screening)

타방(위임자)이 일방(대리인)을 일정한 기준의 통과여부를 바탕으로 대리인의 능력을 관찰할 수 있도록 하는 방법이다. 예로 삼성그룹의 직원카드를 활용 직원의 행동실시간체크(RFID 활용), 세무조사 및 기업투명성 강조하는 사회적 구조 마련(경제관련 법규 개정 등) 등도 한 사례이다.

ⓑ 자기부담금제도

어떤 설정된 금액까지의 초기피해액에 대해서는 보험가입자가 부담하여야 하는 제도이다. 예로 자동차보험 가입 시 5만 원 내지 50만 원까지는 자기 부담으로 하는 것 등이다.

4) 위임자-대리인 문제(principal-agent problem)

① 위임자-대리인 문제의 개념

대리인의 보수를 100% 성과급으로 하면 위험회피자인 대리인에게 지나친 위험부담을 지우게 되며, 100% 고정급으로 하게 되면 대리인에게 위험은 없지만 위임자를 위하여 열심히 노력할 인센티브가 생기지 않는다.

② 보편적인 계약의 형태와 그 함의

결국 위임자는 이들을 유인하기 위해 고정급과 성과급을 배합한 급료를 지급한다.

③ 위임자-대리인 모형의 적용사례

위임자-대리인 모형의 적용사례를 보면, ⓐ 국민-국회의 대리인문제 ⓑ 정부관료제 내부의 대리인문제 ⓒ 정부규제와 대리인문제 ⓓ 대표이사와 주주 ⓔ 공기업관리와 대리인문제 등이 있다.

Chapter 08

국제경제의 이해

Chapter 08

국제경제의 이해

제1절 무역 이론

1. 무역의 의의와 성격

교환 혹은 매매를 의미하는 용어로서 영토, 주권 등을 달리하여 외국에 대하여 물자, 기술 등을 매매 교환하고 물자의 과잉 또는 부족을 보호하려는 경제적 활동이다.

무역은 광의의 무역과 협의의 무역이 있다 광의의 무역은 무역거래 대상이 물품 또는 상품, 용역, 금융 및 자본거래, 해외건설 및 플랜트 등을 모두 포함한다. 반면에 협의의 무역은 무역거래 대상을 물품만을 대상으로 한다.

한편, 무역의 성격은 해상 의존성, 기업 위험성, 산업 연계성, 국제 상관습성 등의 성격을 가진다.

2. 무역의 소득분배효과

무역의 소득분배효과는 시장개방효과가 있는데, 수입국 입장에서 가격하락, 생산 감소, 국제수지악화, 사회적 잉여증가가 나타나고, 수출국 입장에서 가격상승, 소비감소, 생산증가, 국제수지개선, 사회적 잉여증가가 나타난다.

관세의 경제적 효과를 살펴보면, 1) 가격상승 → 소비억제 2) 가격상승 → 생산증대(고용증대) 3) 관세수입 → 재정수입증대 효과 4) 수입감소 → 국제수지 개선효과 5) 기업 경쟁감소 → 사회후생 감소효과 등의 이점과 약점이 있다.

3. 수출입 효과

수출입효과는 수출효과와 수입효과로 나누어서 설명할 수 있다. 먼저 수출의 효과를 보면, 외화공급의 원천, 산업구조의 고도화 추진, 경기 조절의 기능, 생산유발의 효과, 고용유발의 효과, 수입유발의 효과, 소득유발의 효과 등이 있다.

한편, 수입의 효과를 보면, 비경제 원자재의 공급원, 시설의 확대 및 합리화 추진, 경제능률과 소비자 후생의 증대 등의 효과가 있다.

4. 무역과 국제 분업

1) 국제 분업의 논리

국내 분업(division of labor)의 원리를 국제적으로 확대하는 것이다. 각국은 다른 나라보다 생산비가 덜 드는 특정산업에 특화 또는 전문화, 생산하고 그 후 서로 교환을 하게 되면 한 나라에서 모든 물품을 생산하여 소비하는 것보다 이익이 된다는 이론이다.

2) 국제 분업의 요인

국제 분업의 요인은 경제적인 측면과 비경제적인 측면으로 나눌 수 있다. 이를 설명하면 다음과 같다.

(1) 경제적 측면

경제적인 측면은 생산측면과 수요측면이 있다. 먼저 생산측면은 생산요소(토지, 노동력 및 자본 등)의 부존 상태 차이, 생산기술의 차이, 생산비의 차이(가격차이)이다. 수요측면은 수요구조(인구수, 생활수준, 기호 등)의 차이이다.

(2) 비경제적인 측면

비경제적인 측면은 정치적 사회적 요인이 가장 크게 작용하는데, 반 무역적 행위(정치적 지지, 정치적 담합, 경쟁국 제거 등) 등이 대표적이다.

제2절 무역제도의 발전과정

1. 자유 무역 제도

1) 자유 무역주의의 개념

국가 간의 무역을 자유로이 하여 자국이 외국보다 비싸게 생산할 수밖에 없는 상품을 생산하지 않고 외국으로부터 수입한다면 더 큰 이익을 얻을 수 있다는 주장이다.

2) 자유 무역주의의 근거

자유무역주의의 근거는 국제 분업의 이점 강조(보이지 않는 손)에서 찾을 수 있다. 고전무역이론은 노동가치설(labor theory of value)에 그 이론적 기초를 두고 있다. 노동가치설이란 노동의 질, 즉 노동생산성이 같을 때 어떤 재화의 가치(이것은 가격으로 나타남)는 그 재화의 생산에 투입된 노동의 양으로 측정할 수 있다는 것이다. 고전무역이론에서는 일국 내에서의 노동생산성은 동일하나 각국 간의 노동생산성은 서로 다르다는 가정 하에 양국이 각각 동일한 재화를 생산하는데 일국이 투입되는 노동의 양이 타국에 비해 적게 들어가면, 그 나라는 그 재화에 생산비 우위가 있다고 한다. 각국은 이 생산비 우위가 있는 재화를 특화1)하여 타국에 수출하고, 생산비 열위에 있는 재화를 수입한다.

3) 자유 무역주의의 중요성

자유무역주의의 중요성은 3가지로 나누어서 설명할 수 있다. 즉, 첫째, 국제 분업 둘째, 자유 경쟁 셋째, 소비자의 이익이다.

4) 자유무역주의의 문제점

자유무역주의의 문제점은 국내 생산자 불리. 개발도상국의 유치산업 발달 저해를 가져다준다는 점에서 문제점이 있다. 그러나 이러한 문제점보다 세계 경제 차원에서 보면 자유무역주의가 가장 상호간의 이익을 가져다주는 무역정책임에는 틀림없다.

2. 자유무역이론

1) 절대우위설(theory of absolute advantage)

유럽의 절대왕조시대에 나타난 중상주의(15세기~18세기 중엽)는 金을 국부의 가장 중요한 것으로 간주하였다. A. Smith는 「국부론(1776)」에서 이를 반박하며 모든 국민의 노동에서 획득되는 생산물이 진실한 부라고 주장한 바 있다. 특히 노동은 분업(division of labor)에 의해 더욱 효율적으로 재화를 생산할 수 있으며, 국제적 분업에 의해 무역이 발생하고 양국에 경제적 이익을 가져다준다고 하였다. 이러한 국제적 분업이 일어나는 이유는 각국의 생산비의 차이가 있기 때문이다. 생산비의 차이는 각국이 가지고 있는 생산요소(노동, 자본, 토지), 기술, 기후 등에 의해 야기한다. 이 중 고전무역이론은 노동이 생산비 차이를 가져오는 유일한 원인이라고 간주한다.

절대우위설은 절대생산비설(theory of absolute cost)이라고도 하며 분석의 편의상 두 나라(A국, B국), 두 재화(X재, Y재) 그리고 한 생산요소(L)를 가정한다. 이러한 가정 하에 일국이 타국에 비해 어떤 재화의 생산비가 절대 우위에 있을 경우 국제 분업이 발생하여 무역이 이루어진다는 것이다. 무역의 결과 양국은 다 같이 경제적 이익을 얻게 된다. 아담 스미스(Smith, A) : 1723 ~ 1790년. 영국의 경제학자. 경제학의 아버지라 불리며, 저서 <국부론>에서 세계 각국이 자국에게 유리한 산업에 생산요소를 집중 투입하여 특화함으로써 국제적으로 이루어지는 분업의 이점을 강조하였으며 이를 절대 우위론, 절대생산비설이라고 한다. 또한 아담 스미스를 절대 우위론을 적용시켜 자유 무역의 유익성을 주장하였다.

<표 8-1>에서 예시한 것과 같이 한국에 유리한 상품은 컴퓨터(노동자 21인이 컴퓨터만 생산하면 되므로 3대를 생산해 낼 수 있다고 가정)이다. 무역전보다 무역 후에는 1대를 더 생산할 수 있으므로 이익이다. 미국에 유리한 상품은 자동차(노동자 17인이 자동차만 생산하면 되므로 2.125대를 생산해 낼 수 있다고 가정)이다. 무역전보다 무역 후에는 0.125대를 생산할 수 있으므로 이익

이다. 그러나 절대우위설의 문제점도 있다. 즉, 절대우위설은 한 나라가 두 재화 모두 타국에 비해 생산비 우위가 있을 경우에는 무역이 발생하지 않는다는 이론적 결함이 있다. 이를 비판하고 D. Ricardo는 비교우위설을 주장하였다.

〈표 8-1〉 아담 스미스의 절대 우위론

무역	상품	미국	한국	양국 합계
무역 전	자동차	1대 생산시 8인의 노동자	1대 생산시 14인의 노동자	2대 생산
	PC	1대 생산시 9인의 노동자	1대 생산시 7인의 노동자	2대 생산
무역 후	자동차	17인의 노동자		2.125대 생산 (미국)
	PC		21인의 노동자	3대 생산(한국)

2) 비교우위설(theory of comparative advantage)

D. Ricardo는 「경제학 및 조세의 원리(1817)」에서 절대우위설을 반박하여 양국이 각각의 재화의 생산비에 비교우위가 있다면 무역이 발생한다고 주장하였다.

비교우위설을 비교생산비설(theory of comparative cost)이라고도 하는데 절대우위설과 마찬가지로 두 나라(A국, B국), 두 재화(X재, Y재) 그리고 한 생산요소(L)를 기본 가정하였다. 이러한 가정 하에 한 나라가 다른 나라에 비해 두 재화 모두 절대생산비 우위에 있다 할지라도, 만약 양국이 서로 다른 재화에 각각 비교생산비 우위에 있다면 양국은 무역을 통해 상호 이익이다.

리카도(Ricardo, D; 1772~1823년)는 영국의 경제학자로 스미스의 경제학을 계승한 <경제학 및 과세의 원리>를 출판 하였으며, 고전학파의 완성자로 알려져 있다. 국가 간에 생산비의 절대적 차이가 없는 경우에도 국가마다 상대적으로 우위에 있는 물품의 생산에 특화하여 국제 분업을 하게 되며, 이로 인해 무역이 발생하다는 이론을 내세웠으며, 이를 비교 우위론, 비교 생산비설이라고 한다.

한편, 비교우위설의 문제점을 살펴보면 비교우위설은 양국이 각자 비교우위에 있는 재화를 1단위씩 교환한다고 가정함으로서 상호 이익을 얻게 된다. 하지만, 그 교환비율이 달라질 때 무역이 가능한가 하는 문제와 그 비율이 어떻게 결정되는가 하는 물음에는 설명을 할 수 없다는 이론적 결함이 있다. 다시 말하면 각국이 타국에 비해 비교생산비 우위에 있는 재화를 공급만 하면 타국에 수출할 수 있다는, 즉 재화의 공급측면을 중시하고 수요측면을 무시하였다. 이를 비판하고 밀(J. S. Mill)은 상호수요설을 주장하였다.

〈표 8-2〉 **리카도의 비교 우위론**

무역	상품	프랑스	베트남	양국 합계
무역 전	가방	1대 생산시 7인의 노동자	1개 생산시 14인의 노동자	2대 생산
	전화기	1개 생산시 10인의 노동자	1개 생산시 12인의 노동자	2개 생산
무역 후	가방	17인의 노동자		2.43대 생산 (프랑스)
	전화기		26인의 노동자	2.17개 생산 (베트남)

3) 상호수요설(theory of reciprocal demand)

밀(J. S. Mill)은 「경제원론(1848)」에서 양국의 무역은 두 재화의 교역조건, 즉 국제교환비율에 의해 결정되고, 이에 따라 각국의 무역이익이 산출된다고 주장하였다.

상호수요설 역시 절대우위설 및 비교우위설과 마찬가지로 두 나라, 두 재화 그리고 한 생산요소(L)를 기본가정으로 한다. 이러한 가정 하에 양국은 수출상품과 수입상품의 교역조건에 의해 결정되며, 교역조건은 각국의 상호수요량과 수요의 가격탄력성에 의해 결정한다. 상호수요설의 예로서 한 나라가 다른 나라에 비해 한 재화에 절대생산비 우위가 있는(양국은 서로 다른 재화에 비교생산비 우위가 있음) 경우를 들어보자. 양국에서 1인의 노동력으로 X재는 똑같이 10단위를 생산할 수 있다. 반면 1인이 Y재를 생산하는데, A국에서는 15단위, B국에서는 20단위를 생산할 수 있다. 절대생산비설과 비교생산비설에서는 노동의 질적 차이가 없다고 가정하였으나 상호수요설에서는 이 가정을 받아들이지 않는다.

- **상호수요설의 문제점** : 상호수요설은 교역조건을 결정하는데 수요측면을 너무 강조하여 공급측면을 무시하는 결함을 가지고 있다. 고전무역이론을 돌이켜 보면 양국이 무역하는데 수요와 공급의 두 측면을 한꺼번에 보지 못하고 한 면만을 가지고 분석함으로서 그 이론적 결함을 내재하고 있다고 할 수 있다. 제4장에서는 이를 비판하고 무역의 일반균형이라는 관점에서 오퍼곡선을 도출함으로서 고전무역이론의 미비점을 극복하였다.

3. 보호 무역주의(고율의 관세 부과)

1) 보호 무역주의의 개념

유치산업 보호론이다. 19C 독일, 미국이 주장을 뒷받침한 이론이다. 대표적인 학자로 먼저, F. List인데, 국가마다 자국의 경제 발전 단계에 적합한 정책을 수립하여 실시해야 한다고 주장, 농공시대에 있는 독일은 보호 무역 정책을 채택할 수밖에 없다는 것이다.

또 해밀튼은 미국 독립 직후 공업을 보호 육성하기 위해 보호 무역 정책을 실시해야 한다고 주장하였다.

2) 보호무역의 근거

보호무역의 근거로는 유치산업의 육성, 국방 산업의 보호, 경제 안정 확보, 국제 수지 개선 등이다. 보호 무역의 문제점으로는 세계 무역의 위축이 문제이다.

3) 신 보호 무역주의(수입제한 - 비관세 장벽)

신 보호무역주의는 세계 경제의 동질화, 각국의 경쟁 격심, 자국(선진국)의 시장 확보 및 경제 보호 등 수입제한의 문제가 도출되고 있다.

더 나아가서 세계의 보호주의 무역의 새 방향을 보면, 1970년대 이후 비관세 장벽으로 자국의 경제를 보호를 중요시했다. 비관세 장벽(NTB)은 관세 외의 수입 장벽으로 1930년대 등장 이후 관세 장벽 완화와 대비된 비관세 장벽 높아지는 추세이다.

4. 무역 자유화(수입 자유화 - 국제기구)

1) 무역자유화 물결

무역자유화 물결을 살펴보면, 18C에 자유무역주의 영국(선진국), 19C-20C 초에 보호무역주의 미국, 독일(개발도상국), 20C 중반에 무역의 자유화(GATT → WTO), 20C에 신보호주의로 변화되어 가고 있다.

무역 자유화 정책의 새 방향(2차 대전 이후)을 살펴보면, 1947년 GATT → 1995 WTO 이후, 관세 및 무역에 관한 일반 협정(GATT, general agreement on tariffs and trade, 가트)을 통하여 1947년 제 2차 세계 대전 후 무역의 자유화를 통한 세계 경제의 복구를 목적으로 설립, 관세 인하, 무차별 적용을 원칙으로 자유로운 무역 거래 활동 추구하였다.

UR 타결과 WTO의 출범을 보면, UR(1986~1993, uruguay round)는 GATT의 제 8차 다자간 무역 협상으로 농수산물 및 지적재산권, 서비스 시장

개방을 시행하였다. 이를 위해 세계무역기구(WTO)가 1995년 발족하였고, 뉴라운드(new round)로 블루라운드(blue round BR), 기술 라운드(technology round TR), 그린라운드(green round GR) 경쟁 라운드(competition round CR) 등이 추진되고, 자유무역협정(FTA)을 통하여 국가 간의 상호 무역증진을 위해 물자나 서비스 이동을 자유화시키는 협정을 추진했다.

[한 칠레 FTA 효과]

- 1999년 한-칠레 양국정상 FTA 협상체결 추진
- 2002년 칠레와 체결 제로국가 오명 벗어남
- 농산물 2.6억불 수입, 공산품 연 6.6억 불 수출 증가
- 칠레를 교두보로 중남미 진출 교두보 활용
- 2005년 중남미(전체무역흑자 103억 달러 중) 51억 달러 흑자

[한 미 FTA 의의]

- 세계 최대시장의 안정적인 확보 및 통상마찰 완화
- 여타국가와의 FTA 가속화로 세계시장 HUB 기능 가능
- 대외신인도 증가 및 대외 투자 증가
- 저렴한 상품공급 등 후생 증대
- 개방과 경쟁을 통한 성장잠재력 확보 가능

2) 무역의 관리제도

무역의 관리제도에는 수출 장려 제도 (WTO체제 하에서는 원칙적으로 허용하지 않음)가 있다. 이를 살펴보면, 1) 수출 장려금 제도로 수출 산업에 대하여 생산 장려금을 지원하는 수출 장려금 제도가 있다. 2) 수출 금융 제도로 수출 상품의 생산자나 수출업자에게 필요 자금을 융통 등이다. 3) 관세 환급 제도로

수입된 원료로 상품을 제조하여 재수출하는 경우 관세 환급 등이다. 4) 보세제도로 보세 지수출 있는 수입품에 대해 관세 부과를 유예함으로써 가공 무역과 중계 무역을 조장한다.

[종속이론(從屬理論, dependency theory)]

개발도상국의 후진성 또는 저개발의 원인을 설명하는 이론 중의 하나. 남아메리카의 사회과학자들은 기존의 서구에서 발전된 경제이론들이 개발도상국, 특히 남아메리카의 후진성을 설명하는 데 부적합하다고 보고 적합한 새로운 이론적 틀을 구축하려고 시도했다. 즉 저개발국의 경제 상태를 설명하기 위해서 각 나라의 특수한 역사적 상황이 고려되어야 하며, 각 나라마다의 내부적인 장애요인에 대한 이해가 이루어져야 한다는 결론을 내렸다.

종속이론의 대표적인 학자들로는 R. 프레비쉬, P. 바란, A. G. 프랑크 등이 있다. 프레비쉬에 의하면 1차산품을 주로 수출하고 선진국으로부터 공산품을 수입하는 남아메리카 국가들의 교역조건은 장기적으로 악화되는 경향을 지닌다고 한다. 왜냐하면 1차산품의 수입수요에 대한 선진국의 소득탄력성은 낮은 반면 2차산품의 수입수요에 대한 개발도상국의 소득탄력성은 높기 때문에 남아메리카의 여러 국가들은 만성적·구조적인 국제수지 적자에 직면하게 되기 때문이다. 바란과 프랑크의 이론은 마르크스주의 및 신 마르크스주의에서 연유한다. 바란은 제국주의의 팽창과 후진국의 공업화 추구는 기본적으로 이해가 상충된다고 보았다. 즉 선진국들은 후진국 내부의 엘리트와 함께 후진국에서의 자본주의 발전을 억압하여 잉여착취를 용이하게 하려고 한다는 것이다.

그러므로 후진국 경제가 정체상태로부터 벗어나기 위한 유일한 방법은 정치적 혁명이라고 주장한다. 프랑크는 바란의 이론을 발전시켰다. 그에 의하면 현재 후진국의 저개발현상은 세계적인 자본주의 발전과정의 필연적인 결과이다. 따라서 자본주의 체제 내에 종속된 주변 후진국들은 저개발의 발전을 지속할 수밖에 없으며 경제발전을 이룩할 수 있는 가능성이 없다고 한다.

종속이론은 개발도상국의 경제현실을 이해하는 데 많은 도움을 준 것은 사실이나, 과연 이것이 실제로 후진국의 경제발전이나 저개발현상을 분석하는 데 유용한 틀인가에 대해서는 상당한 비판이 제기되고 있다.

자료: 브리태니커사전

Chapter

09

자본주의와 경제학의 흐름

1. 자본주의 이전의 경제
2. 산업혁명의 의의
3. 영국의 산업혁명
4. 경제학의 흐름
5. 경제성장의 중요성
6. 경제성장의 이론 검토

Chapter 09 자본주의와 경제학의 흐름

제1절 자본주의 이전의 경제

1. 원시경제사회

원시경제사회는 공동소유, 공동노동, 공동분배를 한다. 주로 채집생활을 영위하는데, 열매를 따 먹고 돌도끼, 돌망치 등으로 짐승을 사냥하거나 물고기를 잡아먹으면서 유랑 생활을 한다. 그러면서 주변 농사짓기 좋은 환경인 하천이나 강 주위를 중심으로 정착생활을 하게 된다. 즉, 농경이 시작되면서 한곳에 정착하기 시작한다. 정착생활은 농경기술을 습득하고 발달하는 계기가 된다. 이들은 짐승을 사로잡아 가축으로 기르고 씨를 뿌려 곡식을 재배하기 시작한다.

한편 정착생활을 영위하면서 농업 생산기술이 발달하게 되면서 잉여생산물이 생겨나게 된다. 이것이 물물교환을 촉진하게 되고 이를 통하여 분업(division of labor)을 하고, 사유재산제도 형성의 기틀을 마련한다. 이와 같이 잉여생산물 및 사유재산제도의 생성은 부족을 통치하는 지배자와 그 통치를 받는 피지배자 발생을 촉진한다. 한편 우리나라는 충북 청원의 소로리 볍씨가

BC 13,000년 전 인공적인 종자개량을 통하여 재배된 볍씨로 판명되었다. 이는 세계에서 가장 오래된 볍씨로 알려졌다. 이러한 사실은 한반도를 중심으로 정착생활이 오래전부터 보편화되어 있다는 사실을 증명하는 발견이다.

2. 고대경제사회

기술발달은 도구의 발달과 농업의 발전을 가져다준다. 이러한 변화는 원시사회의 성격이 변질되는 요인으로 작용하였다. 중요한 변화는 잉여생산물이 발생, 사적소유가 발생, 사회구성원간의 평등한 관계 붕괴, 금속기의 사용이 이를 촉발하게 된다.

이러한 특징은 고대국가성립의 조건으로 작용하게 되어, 전쟁은 더 큰 정치집단을 탄생시킨다.

세계에서 가장 오래된 4개의 지역 고대사회 형성시기를 보면 다음과 같다. 티그리스·유프라테스 강 유역 메소포타미아 문명(BC 6500년경), 나일 강 유역의 이집트 문명(BC 3000년경), 북경이북 고조선 요동지역 홍산 문명(BC 7000년경, 황화지역은 BC 5000년경), 인더스·갠지스 강 유역의 인더스문명(BC 3000년경)이며, 서로마 멸망까지를 대개 고대사회로 구분한다.

한편 고조선지역은 비파형동검. 고인돌, 명도전이 나온 지역으로 분포를 중첩하여 표시하면 매우 정확하게 중첩 분포됨을 알 수 있다. 이러한 사실은 이 지역이 고조선지역으로 볼 수 있으며, 북경이북지역부터 한반도지역까지 포괄하는 지역이 고조선의 강역임을 알 수 있다. 우리가 지금까지 배운 역사와는 매우 다른 지역에서 유적 유물이 발견되고 있기 때문에 한국 경제사도 다시 써야 할 것으로 여겨진다.

3. 중세경제사회

1) 유럽의 자본주의 초기단계

(1) 중세사회의 경제시스템

기원 후 500~1700년 동안 1인당 소득은 거의 변화가 없었다. 이 당시 중세 유럽은 후진적 구조를 띠고 있었으며, 아시아가 선진화된 사회를 형성한 시대이다. 그렇다 하더라도, 자본주의체제 이전의 1인당 국민소득의 수준은 생계유지 수준으로 미미하였다.

1820년의 세계 인구는 약 10억(2000년 현재 50억), 1인당 소득은 약 700달러로 추정된다. 1820년 경 들어서면서 서유럽과 미국은 아시아를 추월하면서 다른 대륙과 국가를 앞서기 시작한다.

중세의 노동은 토지에서 농작물을 재배하거나 목축으로 이루어졌다. 잉여생산물이 있을 경우는 국지적(지방) 시장에 가서 다른 물건과 교환하였다. 유럽의 농토는 장원(촌락+경작지)으로 구성되었고, 장원의 주인은 영주이며 농민은 영주에 예속되어 있었다. 농민은 농노로서 토지를 떠날 수가 없었다. 봉건제 하에서는 토지와 노동력이 가장 중요한 생산수단이었다. 쓸 돈을 가진 사람들도 별로 없었지만 돈을 쓸 데도 거의 없었다(이 때의 돈은 유휴자본으로 간주될 수 있음).

장원은 자급자족경제 체제를 구축하였다. 교환도 물물교환이 주종이었다. 국지시장에서 살 만한 물건도 없었다(소금이나 철정도).

더 나아가서 영리를 목적으로 하는 경제활동은 억압하고, 이자 받는 것을 금지하였다. 어떠한 계급, 계층, 신분, 지위에 속하는 사람이라도 원금 이상의 이득, 이익, 이자를 가지거나 받거나 바라는 어떤 종류의 고리대금을 위해서 돈을 빌려주어서는 아니 된다. 이를 위반하면 고리뿐 아니라 원금도 몰수하며, 투옥(영국 고리대금 금지법) 하였다.

공정가격의 적용(성 제럴드 신부의 사제복)과 생산 활동은 소비를 위한 것으로서 지속적인 이윤추구나 자본축적은 인정되지 못하였다. 자신이 먹고 사는

데 충분한 것보다 더 많은 돈을 모으는 것은 부도덕한 것이라고 가르친 사회이다.

(2) 르네상스 사회의 도래

르네상스와 유럽 경제발전의 근간은 1215년 징기스칸 군대의 일부가 유럽을 침략하면서 계기가 되었다. 징기스칸은 유라시아지역을 정벌하여 통합함으로서 지금까지 존재한 해상의 길과 비단의 길의 무역행태에서 혁신적인 변화를 주는 초원의 길을 열었다. 이러한 변화는 동양의 선진문물인 화약, 종이, 인쇄술, 나침반 등이 전해지면서 유럽이 잠에서 깨어나게 된다. 그 이전까지만 하더라도 동양과 비교할 때 문명수준이 200년 이상 뒤처진 상태에 있었으나 선진 문물을 이용한 비약적인 발전은 근세 이후 오히려 동양사회를 지배하기에 이르렀다. 이러한 힘은 중상주의에 기초한 착취무역을 통하여 재산을 탈취하고 사유화하면서 자본주의를 합리화시키고 정당화시키는 과정이 반복되었다. 이것이; 유럽에서 자본주의가 형성하는 계기가 되었다.

자본주의는 지속적인 이윤추구와 자본축적에 기초를 두고 있다. 이러한 행위는 중세 때에는 정당화되지 못하였다. 자본주의의 성립을 위해서는 이상의 행위가 정신적으로 정당화될 필요가 있었고, 지속적인 이윤 추구와 자본축적의 합리화 필요성이 대두되었다. 따라서 막스 베버 등 여러 학자들이 정당화하는 합리화 과정을 설명하였다. 막스 베버는 프로테스탄트 윤리와 자본주의 정신을 설명하였다. 더 나아가서, 칼뱅의 가르침에 따른 근검, 절약, 근면이 지속적인 자본축적을 가능하게 했고 이것이 영국의 자본주의의 동인(動因)이 되었다.

소비하기 위해서가 아닌 더 많은 자본을 축적하기 위한 생산 활동과 자본축적도 정당한 활동이라는 생각이 칼뱅주의에 의해 전파되었다. 직업의식과 신에 의한 선택교리의 결합. 즉, 인간은 자신의 노동에서의 성과를 통하여 신에 의해 선택받았음을 확인할 수 있다는 생각이 결합하여 저축과 투자가 독립적인 덕으로 칼뱅주의에 의하여 인정받았게 되었다. 또한 계산하고 따져보는 합리적 정신은 생산 활동의 효율성을 증대시켰다. 더 나아가서 인간의 관계가 수직적 관계에서 수평적 관계로 이동함으로써 열심히 일할 동기가 부여되었다.

이외에도 계몽주의와 르네상스로 말미암아 다음과 같은 요인들이 자본주의의 정신적 기초를 이루었다. 인류 사회의 진보에 대한 믿음, 합리성에 대한 신뢰, 과학의 발전 등이다.

2) 기술발전과 산업혁명

(1) 산업혁명의 시작

18세기 중엽, 영국에서 산업혁명이 시작하였다. 산업혁명은 기술의 발전을 낳고 이는 대량 생산을 가능하게 하였다. 산업도시가 형성, 확대됨에 따라 자급자족 경제가 사라졌다. 또한 시장을 위한 생산이 보편화되었다. 영주들도 농민들을 부역시키지 않고 화폐지대를 납부하도록 하는 것이 이로움을 알고 이를 허락함에 따라 농업이 발전하기 시작했다.

영국 엔클로저 운동(enclosure movement)은 노동의 토지로부터의 분리를 가져다주었다. 즉, 엔클로저 운동은 섬유공업의 팽창으로 양모 가격이 치솟자 대지주들이 자기 토지를 식량 경작지 대신에 양 사육을 위한 '종획지'(공유지에 대한 울타리 치기)로 만든 운동이다. 이러한 사유화의 결과 농민들은 이 목초지를 사용할 권리를 상실하고, 이에 따라 농민들은 일자리를 찾아 도시로 이동하였다. 도시로 이동한 농민들은 임금노동자가 되었다.

자본축적 과정은 초기단계에서 자본의 원시적 축적단계를 거친다. 즉, 공장을 짓고 생산 활동을 하려면 돈이 필요하기 때문이다. 이를 통해 상업자본의 축적이 이루어졌다. 즉, 도시에서의 소규모 거래로 축적된 상업자본은 항해술의 발달과 신대륙의 발견으로 대규모 교역으로 발전하였다. 더 나아가서 이를 통하여 산업자본의 축적을 이루게 된다. 즉, 축적된 상업자본은 독점, 권력과의 결탁 등을 통해 산업자본으로 발전하였다. 구체적으로 재산권의 확립, 통치자들은 개인의 재산권을 보호하는 것이 자신에게도 이로움을 깨달고, 재산권의 확립은 개인들에게 근면과 자본 축적의 인센티브를 제공하고, 국민국가의 성립, 국민국가의 성립은 (소규모의 빈번한) 전쟁의 위험을 줄이고, 국민국가 내에서 도로, 교량 등 인프라가 발달을 가져다주었다.

— 토마스모어의 유토피아

- 토마스 모어(Sir Thomas More, 1478~1535) 영국의 정치가이며 헨리8세와 대립하다가 결국 단두대로 사라졌다.
- 인문주의자인 토마스 모어의 정치적 공상소설로 1516년 간행함. 라틴어로 썼는데, 저자가 히스로디라는 선원으로부터 이상의 나라 '유토피아'의 제도·풍속 등을 들은 것을 기록하는 형식으로 이상사회를 묘사한 작품인데, 간접적으로는 당시의 유럽, 특히 영국사회의 현상을 비판하였다. 이 공화국에서는 전시민이 교대로 농경에 종사하는데 노동시간은 6시간, 여가는 교양시간으로 돌리며 필요한 물품은 시장의 창고에서 자유로 꺼내 쓸 수 있다.
- 저자는 그의 '유토피아'에서 양들이 사람을 잡아먹고 있다고 영국귀족들을 풍자했다. 영주들이 양을 키워 돈을 벌기 위해 농노들을 내쫓은 것을 비판했다. 쫓겨난 농노들은 부랑자가 되었다. 떠돌아다니다가 한번 잡히면 온몸에 피가 나도록 매를 맞았고 두 번째 잡히면 귀를 잘랐다. 세 번째 잡히면 단두대에서 처형했다. 한꺼번에 20명씩 단두대에 세우기도 했다. 헨리 8세 통치하에 7만2천명이 사형되었다.
- 이와 같이 화폐와 자본을 소멸시키고 싶었던 모어는 공동체생활을 '유토피아'에 그렸다. 즉, '유토피아' 섬에 5년 간 살았다는 라파엘 히드로다에우스의 입을 통해 '인클로저'라고 불리는 영국의 유명한 농업말살정책을 신랄하게 비판한다. 큰 이윤이 생기는 양모 생산을 늘리려고 많은 귀족과 지주들은 소작인들을 모두 쫓아내고 농토를 목축지로 바꾸었다. 인클로저 정책으로 농부들은 선대부터 살던 정든 고향을 떠나 객지로 떠돌게 되었고, 농가는 허물어지고, 마을공동체는 사라졌다. 농사를 포기하자 당연히 곡물 값은 폭등하고, 거지가 된 많은 농부들은 굶주리다 못해 "처음엔 도둑이 되고, 다음에는 시체가 되는" 절박한 상황으로 내몰렸다. 법은 언제나 약자에게 가혹하기 마련이기에 사소한 절도죄도 교수형에 처해졌다. 결국 유순한 양(羊)이

돈 때문에 사람까지 먹어치우게 된 것이다. 반면 독과점 형태의 양모 산업은 나날이 번창하여 부자들은 노동하지 않고도 엄청난 부를 축적하였고, 많은 일손이 필요했던 농토에는 결국 양치기 한 사람만 남게 됨으로써 실업자 수는 폭발적으로 늘어났다.

• 이러한 희생이 산업혁명을 가져다준다. 어느 한쪽의 희생이 대의를 위해서 필요한 것인가 라는 의문도 주지만, 어쨌든, 세계경제의 발전에는 커다란 혁명인 것이다.

(2) 사유재산과 자본주의

자본주의는 유럽에서 16세기부터 시작하여 18~19세기 초에 완성된 체제로서 재산권의 사유와 생산수단의 시장에서의 거래에 기초하는 체제이다. 자본주의와 시장경제는 유사한 의미이다. 시장경제는 경제에서 자원을 배분하고 경제활동 주체 간의 이해관계를 조절하는 메커니즘이 시장이라는 의미를 강조한다.

자기 이익의 추구에는 두 종류가 있다. 즉, 다른 사람의 신체와 재산을 해치는 자기 이익의 추구, 다른 사람의 신체나 재산을 해치지 않는 자기 이익의 추구이다. 후자의 자기 이익의 추구는 정당한 것이다. 그리고 이를 통하여 경제는 발전한다. 선한 부자가 많으면 좋겠지만 중립적인 부자 덕분에도 경제는 성장한다. 기업을 더 키우고 더 많은 자본을 축적하기 위하여 노력하는 것은 정당하다. 이러한 활동 -덕분에 경제가 발전하며 많은 사람들이 이득을 본다. 자본주의는 사유재산권을 기초로 한다. 사유재산권은 개인의 자유를 보장하는 민주주의 사회에서 가장 잘 보장되며 또한 민주주의를 발전시킨다. 사유재산권의 침해는 경제성장을 후퇴시킨다. 자본주의는 시장 경제이다. 생산물뿐만 아니라 생산수단도 시장에서 거래된다. 시장은 경쟁과 자유로운 진입(entry), 퇴출(exit)에 기초하고 있다.

자본주의의 규칙이 있다. 자본주의의 규칙은 주로 정부가 정한다. 정부는 게임의 룰을 정하는 역할을 한다. 정부의 주요 기능은 다음과 같다. 치안과 국방,

사법, 행정, 공공사업 및 교육, 생계유지 곤란자에 대한 보조 등이다.

3) 아담스미스(Adam Smith)와 자본주의

(1) 아담스미스(Adam Smith)

아담스미스(adam smith)는 1723년 스코틀랜드의 커콜디(kirkcaldy)에서 탄생하였다. 글라스고우대학과 옥스포드대학에서 수학하고, 글라스고우대학에서 윤리학과 법학 강의, 경제학은 법학 강의의 일부분을 강의하였다. 특히, 국부론, 도덕 감정론 등 대표적 저서 집필하였다. 그래서 경제학의 시조로 간주된다. 자본주의를 인정하는 모든 경제학자는 그의 제자라고 볼 수 있는 이유가 그래서이다.

그는 보이지 않는 손, 인간의 자리심 등을 통해 자본주의 경제학 설파를 하였다. 17세기 이후 사상가들의 주된 관심은 '각 개인의 私利 추구와 공공의 복지는 조화가 가능한가'라는 질문이었다.

(2) 사리(私利)추구와 인애심(仁愛心)

홉스(Hobbes) 리바이던 「Leviathan」에서 개인의 私利추구의 자유로운 방임은 '만인 대 만인(萬人 對 萬人)의 전쟁상태'를 결과한다고 주장하였다. 따라서 절대적인 외적 강제력으로 질서를 유지시켜주는 주권자에게 개인은 자신의 권리를 양도함으로써 평화 유지와 재산 축적이 가능하다고 그는 주장하였다. 즉 인간의 사리(私利)추구를 절대 권력으로 통제할 필요가 있다는 것이다. 문제는 사람들이 중세의 정신적 규범에서 해방되어 사리추구가 정당화되었다는 것이다. 또 맨더빌(bernard de mandeville) 같은 학자는 윤리적으로 악한 사리추구가 경제성장이라는 선을 낳는다는 역설을 주장(private vices lead to) 하였다. 일단의 학자들은 인간에게는 인애심(仁愛心), 혹은 양심이 있어서 절대 권력이 없어도 평화가 유지된다고 주장하였다. 인애심으로 행동하지 않는 인간 사회는 붕괴할 것인가? 아담 스미스는 인간이 자신의 이익을 추구하며 살더라도 사회 질서의 유지가 가능하다고 주장하였다. 또한 인간의 자이심(自

利心)이라는 본능적 욕구를 사회가 억누르지 않고 제대로 발현되도록 내버려 두는 것이 경제성장을 가져온다고 설파하였다.

아담스미스(adam smith)는 인간의 잘 살고자 하는 욕구 즉, “우리가 저녁 식사를 할 수 있는 것은 푸줏간 주인이나 양조장 주인, 빵 제조업자들의 인애심 덕분이 아니라 그들의 사리추구 때문이다”라고 주장하였다. “공익을 추구하려는 의도도 없고 자신이 공익에 얼마나 기여하는지 조차도 모르면서 오직 자신의 이익을 추구하는 사람들은 보이지 않는 손(invisible hand)에 의하여 의도하지 않았던 부수적 결실을 얻게 된다.”라는 것이다. 아담 스미스의 저작 곳곳에 시장메커니즘에 관련된 언급과 설명은 있지만 이 ‘보이지 않는 손’이 무엇인지 구체적으로 설명하고 있지는 않다. 보이지 않는 손을 시장 메커니즘이라고 설명한 것은 후대의 경제학자들에 의해서이다.

한편, 중상주의자들(대개 16세기에서 18세기에 걸쳐 유럽왕실을 보필하였던 궁정 고문들과 귀족들)에 따르면, 국부(國富)는 금과 은의 양으로 측정하였다. 따라서 국부를 증대시키기 위해서는 식민지 개척, 보호무역 실시 주장하였다. 그러나 아담 스미스는 국부는 유통(상업)이 아니라 생산에서 나오는 것임을 주장하였다. 아담 스미스에 따르면 생산력 향상(국부 증진), 즉 경제성장의 주된 동인(動因)은 분업(division of labor)이라는 것이다. 스미스의 관찰은 분업이 없을 경우 핀 공장에서는 1사람이 하루 한 개 이하 생산하던 핀을 10명이 18가지의 공정으로 생산한 결과 하루에 4,800개의 핀 생산한다. 그런데 이 분업은 시장이 있음으로 가능하고 시장은 인간의 교환 속성에 기초한다. “분업은 그것이 가져다주는 전반적인 풍요를 예상하고 의도했던 인간 지혜의 소산이 아니다. 분업은 물건을 서로 바꾸고 거래하며 교환하려는 성향의 산물이다.” 잘 사는 나라는 검약과 신중한 판단으로 자본을 더 많이 축적한 나라, 또 (규제 등으로) 동감의 범위 내에서의 개인의 사리추구를 억제하거나 왜곡시키지 않은 나라이다. 따라서 중상주의의 규제정책은 국부증대의 길을 막는다. 정부차원의 보호나 독점권과 같은 특혜들을 선택된 소수에게 베푸는 중상주의자들의 정책은 경제성장을 저해한다. 중상주의의 독점권은 경쟁을 도입함으로써 사라지게 하여야 한다. 즉 스미스에게 있어서 경쟁이란 인간(중상주의자들)의 부당한 사리(私利) 추구를 억제하는 정의의 도구이었다. 요약하면 정당한 사리추구가 장려되고 부당한 사리추구는 정의와 경쟁, 사회 규범 등으로 억제되는 사회는 높은 경제성장을 누릴 수 있다는 것이다. 또한 자본을 많이 축적하고 이를 합당한 곳에 투자하며, (분업 등으로) 숙련도가 증가하고, 기술개발이 지속되며 더 큰 시장을 대상으로 교역하는 것이 성장의 열쇠라는 의미이다.

스미스는 그 당시 지배적 경제이념이었던 중상주의를 비판한 점에서 개혁가이었다. 그러나 그는 급진적 사회변화를 비판하였다. 그 이유는 인간은 무엇이 진리인가를 정확히 이해하는 능력이 제한되어 있고 알더라도 성취할 수 있는 가능성도 제한되어 있다. 따라서 사회 전체를 자신의 의도에 따라 갑자기 바꾸려는 사람들을 인간사회를 장기판 이해하듯 하는 사람들이라고 비판하였다. “정책과 법의 완전성에 대한 전반적이며 체계적인 사고는 정치가의 견해를 지도하는 데 반드시 필요하다. 그러나 그 생각이 요구하는 것을 모든 반대에도 불구하고 즉각 확립하려는 것은 최고로 오만한 태도이며 자신의 판단을 선악의 최고 기준으로 승격시키는 행위이다”라는 것이다.

제2절 산업혁명의 의의

1. 고전적 산업혁명론

토인비가 제기했는데, 1760~1830년의 산업혁명은 이전에 부의 생산 및 분배를 지배하고 있던 중세적 제 규제에 대신하여 경쟁이 출현(단절성 강조)하였다. 산업혁명의 내용을 보면 도시인구의 급증, 농업혁명, 공장제, 교통기관 발전(상업발전), 빈부격차 확대(노동자의 지위 악화)에 있다.

이에 대한 비판을 살펴보면, 기술혁신이 급격한 과정이 아니었다는 것이다.

또 공장노동자의 임금상승(1850년까지)에서 찾기도 한다.

2. 산업혁명의 의의

기술혁신과 부의 양적 확대(기계제 대공업의 확립)로 근대적 공장 제도를 탄생시켰는데 18세기의 마지막 30여 년 동안 잉글랜드에서 탄생했다. 기계의 동력, 전달벨트, 작업기로 구성, 규칙적 생산, 과잉생산 가능성, 대량생산 대량판매 강요되었다. 이로 인하여 일대 사회혁명을 가져다주는 빌미가 제공되기도 하였다. 또 산업혁명은 도시화를 초래. 각종 사회문제 유발하였다. 공장제도는 산업혁명 이전에도 존재했었다. 국왕에 속하는 국영공장, 왕립 공장 등이다. 그러나 이것들은 공장제도의 자생적 발달과 달리 특권이 폐지되자마자 붕괴되었다.

제3절 영국의 산업혁명

1. 산업혁명의 배경

양모산업은 노르만정복 이후 플랑드르장인들이 도버해협 건너 영국에 정착. 에드워드 3세부터 계속 발달하였다. 농촌과 도시 생활의 주요 원천. 양모공업은 영국에 부를 가져다주었다. 영국의 위대한 주요산업, 17, 18세기 영국의 주요경제문헌에는 양모공업과 거래에 관한 다량의 인쇄물이 있다.

한편, 산업혁명은 교환과 생산은 밀접한 상호의존관계에 있다. 즉, 18세기 전반기에 풍작과 농산물공급의 증가에 따라 농산물가격 하락하고, 도매상인과 대리상이 중심적 역할을 하였다. 종합적인 상업기능이 각기 전문화 즉 상업,

금융업, 수송업, 창고업, 보험업, 선대적 공업생산 등의 발달을 가져다주었다. 소매시장에서는 도시와 농촌의 행상인이 중심역할, 18세기 중엽에는 거래상품 전문화가 나타났다.

17세기에 네덜란드는 세계의 선도적 상업국이었다. 그러나 중개업, 화물집산지에 불과하였다. 반면에 영국에서는 시민혁명 후 대항해시대를 위한 노력을 집중하여, 양모공업과 동양 및 서인도 상품의 재수출이 상업의 기반이 되었다. 18세기 후반기에는 무역구조도 자본주의적 공업제품의 수출과 원면 등 공업원료 등 1차 산품 수입이 중심이 되는 구조로 변화하였다. 잉글랜드은행 창설(1694년), 동인도회사(창설 1600년)의 힘 약화로 비특권 상인의 대거 등장 등이다.

가장 중요한 사실은 토지소유의 재편성이다. 즉, 농업생산력 증대 → 식량자급자족 및 수출에 의한 외화 획득, 지대 농업이윤 → 자본축적으로 산업자본으로 전환, 농가소득 증대 → 공장제품에 대한 구매력 증가, 공업생산자극, 농업생산성 향상 → 농업노동의 도시노동력으로의 전환 가능하게 하였다.

2. 산업혁명의 전개

먼저 소비재공업으로 면공업에서 먼저 발명 시작하였다. 직포로 1733년 존 케이의 비사, 1785년 카트라이트의 역직기, 방직으로 1769년 수력방직기, 제니방직기, 1779년 뮬 방직기 등이다.

둘째, 자본재 부문이다. 철공업, 기계공업, 석탄공업 등이다.

3. 산업혁명의 결과

산업혁명의 결과는 자본주의 성립과 확립에서 찾을 수 있다. 생산력 측면에서 대량생산체제의 구축하였고, 과잉생산의 가능성을 보여 줬다. 1850년까지 영국의 1인당 생산은 약 2.5배 증가하기도 하였다. 생산관계 측면에서 볼 때 노동자계급의 형성되었다. 또 노동운동의 발생이 빈발해지기도 했다. 그러나 실업, 장시간노동, 유년노동, 산업재해 등의 문제 발생 등이 상존해 있다.

[그센크론(A. Gerschenkron)의 후진국 공업화 유형론]

산업혁명 당시 후진국은 경제적 후진성의 정도에 따라 공업화유형이 달라진다고 주장

첫째, 후진국의 공업화는 급속하게 이루어진다. 경제발전에 필요한 기술과 자본을 선진국으로부터 도입가능하기 때문. 후진성이 클수록 대질주(big spurt)가 나타날 가능성이 높다. 후진국에서 선진기술의 도입은 필수적. 그래야 기업들이 국내외시장에서 외국기업과의 경쟁 확보 가능하다.

둘째, 후진국 공업화는 중공업에 의해 선도되고 그 속에서 대기업이 성장한다. 선진국의 최신기술이 도입될 뿐만 아니라 산업구조상으로 보아도 선진국에서 비교적 새롭게 발전한 산업을 도입하려고 함. 선진국에서 확고한 기반을 가진 산업부문에서는 기술적으로나 시장적으로나 후진국이 파고들 여지가 적지만 상대적으로 새로운 공업이나 기술적 발전이 가장 급속한 공업부문에서는 후진국의 기업이 선진국 기업과 비교적 유리하게 경쟁할 수 있기 때문이다. 독점적 대기업이 일찍부터 나타나게 된다.

셋째, 후진국의 공업화는 비자생적으로 이루어진다. 후진성이 높을수록 자본축적도도 낮고 기술숙련도도 낮다. 저렴한 노동력이 풍부하지만 숙련노동력은 희소하고 비싸다. 또 후진국에서는 자본, 기술, 노동 등 생산요소를 조직하는 기업가활동도 부족하다. 따라서 후진적일수록 공업화의 가능성은 큰데 국내적 조건은 결핍되어 있다. 이 양자 간의 갭이 크면 자생적 공업화는 일어날 수 없다. 따라서 이 경우 공업화는 은행, 국가, 더 나아가서 외국정부 등 어떠한 강력한 기관에 의해서 위로부터 유도되지 않으면 안 된다. 거센크론은 19세기 유럽의 공업화에서 자본공급에 관하여 단계적 관계를 다음과 같이 나타낸다.

단계/지역	선진지역(영국)	중진지역(프랑스, 독일)	후진지역(러시아)
1단계	공장(산업자본가)		국가
2단계		은행	은행
3단계		공장	공장

넷째, 후진국 공업화에는 강력한 이념이 필요

프랑스에서는 상시몽주의 - 상시몽은 노동자와 고용주를 거의 구별하지 않고 산업지도자를 중요한 정치적 기능 수행자로 간주. 은행의 역할 중요시

독일에서는 민족주의 - 리스트의 산업화론

러시아에서는 마르크스주의 - 마르크스주의자들은 후진적인 소련에서 전통적 공동체의 파괴와 자본주의 도래의 필연성 주장.

제4절 경제학의 흐름

1. 경제이론의 흐름

모든 경제이론은 다른 사회과학의 이론이 그러하듯이 시간과 사회의 제약을 받는 상대적인 이론이다. 역사적으로 시대와 사회가 달라짐에 따라 많은 경제이론들이 명멸하였다. 오늘날 우리 현실에 비추어 볼 때 각 이론은 취할 점도 있고 버릴 점도 있다.

2. 중상주의(mercantilism)

중세의 봉건사회 붕괴 후 중앙집권적인 절대국가가 형성되기 시작한 15세기 중엽에서부터 산업자본주의가 등장한 18세기 중엽까지의 3세기동안 유럽에서 지배적이었던 경제정책을 지배하는 사상을 말하며, 정부주도하에 부국강병책을 실시하고 수출위주의 경제성장을 꾀했다.

자국의 국력을 증가시킬 목적으로 국민경제에 대한 정부의 규제와 통제를 증대시킨다는 것으로, 정치적인 절대주의의 경제적 표현이다. 경쟁국의 국력 희생을 대가로 자국의 국력을 증가시킬 목적으로 국민경제에 대한 정부의 규제를 증대시킨다는 것이다. 중상주의에는 여러 가지 원리들이 결합되어 있다. 금과 은 같은 귀금속은 국가의 부에 필수불가결한 것으로 여겨졌다.

3. 중농주의학파(physiocracy)

18세기 후반 프랑스에서 중상주의를 비판하면서 발전한 경제사상을 일컫는다. 통일된 학설을 제시했다는 점에서 최초의 경제학파이다. 중상주의와는 달리 인위적인 보호·간섭·통제를 배척하고 자유방임주의를 주장하였다. 국부의 원천을 토지라 하여 농업을 중시하였다.

중농학파의 창시자는 루이 15세 때 궁정 의사였던 프랑수아 케네(François Quesnay)였다. 그의 대표저서는 전체 경제과정을 최초로 도식화하여 보여주는 경제표(Tableau économique, 1758)이다. '중농주의'(physiocracy)라는 용어는 '자연이 지배한다'라는 뜻으로, 유명한 구호 '자유방임(laissez faire, laissez passer)은 자연법칙이 경제과정을 지배해야 한다'는 그들의 신조를 잘 반영하고 있다.

4. 고전학파(classical economics)

1776년경 아담스미스(Adam Smith)로부터 1870년대 초 한계효용학파가 등장하기까지 배출된 경제학자들을 가리키며, 영국의 밀(John Stuart Mill), 프랑스의 세이(Jean Baptiste Say), 독일의 튀넨(J. H. von Thünen) 등이 이에 속한다. 이들은 국부의 원천을 노동이라고 봄으로써 중농주의의 국부의 개념을 확대시키고, 자유방임주의를 이어받아 「작은 정부의 이론」을 제창하였다. 모든 개인이 私的인 이익을 위해 자유롭게 경제활동을 하면 「보이지 않는 손」에 의해 공익은 자동적으로 증진된다고 본다. 이론의 분석방법은 연역적 방법에 의한 일반균형분석이고, 「보이지 않는 손」에 의해 항상 완전고용이 달성된다고 보며 객관적 가치설을 전개한다.

— 세이의 법칙(Say's law)

프랑스의 장 밥티스트 세이(Jean Baptiste Say)가 주장한 '공급은 스스로 수요를 창조 한다'는 법칙이다. 즉 언제나 과잉생산은 없다는 것으로, 이것은 고전학파 이론의 중심이 되어 왔다. 고전파 이론에 의하면 생산된 것이 판매되지 않아서 기업들이 휴업을 하고, 따라서 실업이 발생하는 사태는 이론상 있을 수 없었다. 총공급의 크기가 총수요의 크기를 결정하기 때문에 총공급과 총수요는 언제나 일치하고, 따라서 항상 완전고용이 달성된다는 것이다.

5. 역사학파(historical school of economics)

1840년대에서 20세기 초에 걸쳐 주로 독일을 중심으로 하여 일어난 경제학의 한 학파이다. 리스트(Friedrich List)를 선구자로 하여 로셔(Wilhelm Roscher), 크니스(Karl Knies), 힐데브란트(Bruno Hildebrand), 슈몰러(Gustav Schmoller), 브렌타노(Ludwig Joseph Brentano) 등이 대표자이

다. 이들은 독일의 경제적 후진성을 탈피하기 위하여 국가가 국민경제를 보호·육성할 것을 주장한 학파이며, 구역사학파와 신역사학파로 나누어진다. 구역사학파는 보호무역주의와 국가의 적극적인 유치산업 육성정책을 주장하는 반면, 신역사학파는 윤리적 국민공동체 이론과 국가의 적극적 사회정책을 주창한다.

6. 사회주의학파(Socialism)

19세기 사회의 불평등한 문제에 가장 관심을 둔 이론이 사회주의였다. 초기에는 이상적 사회를 건설할 수 있다고 믿은 사회주의자들이 주류를 이루었지만, 19세기 중엽 마르크스(Karl Marx)와 엥겔스(Friedrich Engels)가 이전의 사회주의를 공상적 사회주의라고 하고, 이를 비판하며 주장한 학자들은 자신을 과학적 사회주의라고 주장하였다. 이들은 산업혁명에 따른 富의 불균형 상태가 팽배하자 노동자계급이 자본가계급에 대해 조직적인 운동을 통하여 투쟁을 하게 되었는데 이러한 노동자계급의 입장을 대변한 학파이다. 사회주의 경제학파는 그 주장과 내용에 따라 공상적 사회주의와 과학적 사회주의로 나눌 수 있다.

7. 한계효용학파

광의의 신고전학파(neo-classcial economics)로 영국의 스탠리 제본스(William S. Jevons), 오스트리아학파의 칼 멩거(Karl Menger), 프랑스의 레옹 왈라스(Léon Walras) 등 세 사람의 공이었다고 할 수 있는데, 이들은 재화와 용역의 증가분을 선택하는 소비자의 행동에서 출발해 가격이론을 전개했다. 사회주의와 노동조합운동에 반대하면서 고전학파처럼 정부의 간섭을 배제하고 자유방임정책을 옹호한다. 또한 한계효용이론에 의해 상품가격의 결정을 설명하고 이로서 '스미스의 역설'을 해결하였으며 경제학을 정밀과학으로 출발시켰다. 한편 로잔학파, 오스트리아 학파, 케임브리지 학파 등도 한계효용학파의 일부이기도 하다.

8. 케임브리지학파(Cambridge economics; 일명 신고전학파)

19세기 후반 및 20세기에 있어서 경제사상의 한 주류를 이루고 있는 학파로서, 마샬(A. Marshall), 피구(A.C. Pigou), 로버트슨(D. Robertson) 등의 업적에 기초를 두고 있다. 이 명칭은 이 학파의 많은 경제학자들이 케임브리지 대학교에서 강의했다는 것에서 유래한다. 이 학파는 고전학파적인 여러 개념(가치의 기초로서의 실질비용, 지대) 및 화폐, 외국무역의 기초이론을 독일 역사학파의 접근법(제도적 측면에서 경제를 연구) 또는 한계효용학파의 여러 가지 공헌과 결합시키고 있다. 고전학파의 노동가치설과 한계효용학파의 한계효용의 이론을 종합・발전시켜 수요・공급의 이론을 완성하였다. 역사학파와 같이 경제이론은 역사적 현실의 검증을 통하여 현실경제문제의 해결에 기여하여야 한다고 보고 사회주의학파의 이론을 배척하였다. 이들의 경제이론은 현대 미시경제학의 근간을 이룬다. 대표적인 학자로는 하버드대학교의 폴 앤서니 새뮤얼슨(Paul Anthony Samuelson) 등이 있다.

9. 케인즈학파(Keynesian economics)

1930년대 세계대공황에 대하여 정책적 처방을 제시한, 20세기 영국의 경제학자 존 메이너드 케인즈(John Maynard Keynes)로부터 비롯되었다. 케인즈는 극심한 실업의 원인이 총수요의 부족이라고 보고 공공사업을 일으켜 정부지출을 증대시키는 등 강력하고 직접적인 재정정책을 주장하였다. 재량적인 재정정책으로 총수요를 관리해야 한다는 케인즈의 주장은 케인즈학파에 의하여 계승되었다. 이에 반하여 고전학파의 전통을 계승한 통화주의학파와 신고전학파는 정부의 인위적인 경제개입을 반대하고 자유시장 기구의 기능을 가급적 살려 정부의 실패를 막아야 한다는 입장이다. 케인즈학파와 고전학파계통의 이론을 주류경제학이라 한다.

— 승수효과(multiplier effect)

케인스의 단순모형에서 독립투자에 의한 지출이 증가하면 국민소득은 그 몇 배나 증가하는 현상. 즉 경제 현상에서, 어떤 경제 요인의 변화가 다른 경제 요인의 변화를 유발하여 파급적 효과를 낳고 최종적으로는 처음 몇 배의 증가 또는 감소로 나타나는 총효과를 의미

10. 공급중시경제학(supply-side economics; 일명 신자유주의학파)

경제활동 가운데 수요측면보다 공급측면을 중시하는 사고방식을 말한다. 특히 생산성 저하에 따른 인플레이션과 국제경쟁력 저하에 고전하는 미국에서 1930년대 뉴딜정책 이래의 수요중시정책이 한계에 봉착하여 1980년대에 각광을 받게 되었다. 일명 신자유주의 정책으로 대처리즘 혹은 레이거노믹스라고도 한다. 자원을 공공부문에서 민간부문으로 소비재에서 자본재로 독립되어 생산력의 증강과 물가수준의 안정을 기도하려는 경제 정책상의 방안으로 그 구체적인 내용은 소득세의 감세조치, 정부지출의 삭감, 정부규제의 완화이다. 시카고대학교 래퍼(Arthur Laffer)교수가 주창한 래퍼곡선(laffer curve)으로 자주 설명된다. 한편으로는 시민사회의 문제들이 시장의 자연성에 의해 조절, 해결되어야 한다는 이론으로 19세기의 고전적 자유주의 노선을 이어받은 통화주의자라 일컫는 오스트리아 출신의 영국 경제학자 프리드리히 하이에크(Friedrich Hayek), 일명 시카고학파의 밀턴 프리드만(Milton Friedman)

등의 학자에 의해 발전했다. 신자유주의자들은 비효율적 국영기업을 민영화하고 복지예산을 줄이며, 정부의 규모를 축소하면서 세금을 줄이고 노동의 유연성을 확보해 기업환경을 개선하여 시장을 활성화해야 한다고 주장한다. 1980년대 대처리즘과 레이거노믹스가 신자유주의의 대표적인 정책이다. 신자유주의적 전략은 자본의 자유로운 이동을 따라 세계 곳곳에 자리 잡았으며, 세계 각국의 개방을 촉구하게 되었다.

— 구축(crowding out) 또는 구축 효과(crowding out effect)

경기부양을 위하여 정부 지출을 증가시키면 이자율이 상승하여 민간투자가 감소되는 현상. 고전학파는 완전한 구축효과로 인해 확장 재정정책이 소용없다고 주장하였고, 케인즈학파는 불완전한 구축효과로 인해 재정정책이 유용함을 주장.

11. 비주류경제학

2008년 미국 발 금융위기 이후 비주류경제학에 대하여 많은 관심이 대두되고 있다. 주요학파는 제도주의, 사회주의(마르크스-레닌주의), 종속이론 등이며, 제도학파는 미국에서 발전한 것으로 자유주의 시상을 비판하고, 경제 질서는 사회·인위적 제도에 의하여 규제되며, 사유재산, 상속, 조세, 금융과 신용제도, 독과점 등에 대하여 연구하고 경제학은 이와 같은 분야의 기원, 발전, 영향 등을 개관적으로 분석하는 것을 주제로 하고 있다. 마르크스-레닌계열은 개인주의에 대립되는 사상으로 산업혁명의 결과로 초래된 노동자와 사용자(자본가)간이 대립을 전제로 그 기원은 프랑스혁명과 산업혁명이며, 마르크스(Karl Marx)는 잉여가치설, 유물변증법, 자본주의의 운동법칙 등으로 발전시켰다.

종속이론학파는 후진국들이 경제개발을 이루지 못하고 저개발 상태에 머물러 있는 이유를 후진국의 내부요인보다는 세계자본주의 체제에서 선진국에 종속되어 있는 외부적 사정에서 찾는 이론이다. 주로 남미지역에서 후진성을 면하지 못한 원인을 밝히기 위해 등장하였다.

12. 한국 경제학의 흐름

한국경제는 정치경제학이 강조하는 사회 세력 간 이해관계와 제도적 요인 등을 수용한 주류경제학의 입장에서 균형발전과 형평 있는 안정 성장, 그리고 경제의 민주화를 조속히 실현해야 한다.

케인즈학파이론을 한국적 모델로 구축한 박정희 정부시대에 정치적 경제적 근간을 이룬 학파이다. 정치와 연계성으로 일부 지적 받기도 하였다.

한국의 경제학은 전치의 변천사와 밀접하게 연관되는 성향이 강하다. 보수정부와 진보정부의 입맛에 따라 신고전학파나 신자유주의 논리를 정책에 반영하기도 하고, 케인즈학파의 논리와 혼합된 정책을 많다.

제5절 경제성장의 중요성

1. 경제성장의 의미와 유용성

1) 의미

경제활동이란 생산과 소비가 되풀이 되는 과정이다. 경제성장이란 경제활동 과정에서 생산과 소비 규모가 커지는 현상. 즉, 실질 GDP(국내총생산) 가 커지는 현상이다. 즉, 시간이 흐름에 따라 실질 GNP와 1인당 실질 GNP가 증가하는 것이다.

2) 경제성장의 유용성

경제성장에 대하여 아래 내용을 중심으로 비판과 유용으로 나누어 주장할 수 있다. 즉, 1) 생활수준문제; 희소성해결 수단, 2) 성장과 환경문제; 공해 생활수준향상 3) 소득불평등 문제; 증가와 감소, 4) 비물질적 문제; 기계의 위험성, 여가선용기호 확대 등이다.

2. 생산자원과 경제성장

생산자원은 노동(labor) + 자본(capital)이다. 자본은 물리적 자본+인적 자본이다. 물리적 자본은 기계, 건물, 토지 등과 같은 생산설비이고, 인적 자본은 노동의질을 의미한다.

3. 생산성과 경제성장

경제성장의 원천은 생산자원의 양과 생산기술이다. 경제성장의 원천 중 노동의 양, 물리적 자본의 양, 인적 자본의 양이 증가하는 것이다. 이외에 생산요소들의 생산성향상이 존재하고, 생산성향상은 기술진보에 의해 발생한다.

한편, 경제성장의 2대 요인은 ① 자본 · 노동 · 천연자원 등 생산요소 부존량의 증가 ② 기술진보 이다.

[경기순환과정(business cycle)]

경기는 장기적인 관점에서 보면 경제의 장기 성장 추세를 중심으로 끊임없이 상승(확장)과 하강(수축)을 반복하며 변동한다. 경제활동이 활발하여 경기가 상승하면 마침내 정점(peak)에 이르게 되고 이후 경제활동이 둔화되어 경기가 하강하다가 저점(trough)에 이르게 되면 다시 상승으로 반전한다. 이는 마치 파도가 높은 산과 낮은 골짜기를 반복적으로 움직이는 것과 같은 모양을 하게 되는데 이를 경기순환(business cycle)이라고 한다. 이때 경기의 저점에서 다음 저점까지 혹은 정점에서 다음 정점까지의 기간을 경기의 주기(cycle)라고 하고 저점에서 정점까지의 높이를 진폭(amplitude)이라고 부른다.

경기의 순환과정은 2단계 구분법과 4단계 구분법이 있는 데, 2단계 구분법은 확장국면(저점에서 정점까지)과 수축국면(정점에서 저점까지)으로 구분하고, 4단계 구분법은 회복기, 확장기, 후퇴기, 수축기로 구분한다. 한편 경기순환을 현실적으로 파악하고 분석하기 위해서는 경기의 정점과 저점이 정해져야 하는데 이러한 경기의 정점 또는 저점이 나타나는 구체적인 시점을 기준순환일(reference date)이라 한다.

4. 경제성장에 관한 논쟁

경제성장을 걱정하는 목소리는 시각이나 관점에 따라 다르다. 경제성장이 삶의 질까지 반드시 개선해주는 것이 아니고, 경제성장은 인간의 새로운 욕구를 창출시킨다는 점이다. 즉, 물질의 노예화를 가져다준다. 또 유한한 자원을 고갈시킨다. 마지막으로 소득 분배를 불공평하게 만든다. 이러한 점에서 경제성장의 논쟁이 일어나는 것이다.

5. 경제성장과 경제발전

1) 경제성장

국민소득이 높아졌다고 말한다면, 경제가 성장하였다라고 말하는 것이다. 즉, 국가 경제 전체의 총 생산량이 커진 것을 의미한다.

2) 경제발전

국민 개개인의 삶의 질이 좋아지는 것은 경제성장과 다른 의미로 경제발전이라고 한다. 소득 불평등 문제를 해소하는 것이 경제발전을 이룩하는 것이다. 예를 들어서 남북문제를 해소하는 것이 세계경제발전이 이루어진다는 의미이다.

결론적으로 경제성장 없이도, 경제발전 가능하고, 경제성장 있어도, 경제발전이 없을 수 있다는 의미이다.

제6절 경제성장의 이론 검토

1. 쿠츠네츠(Simon Kuznets)의 근대 경제성장의 특징

1971년 노벨경제학상을 받은 하버드대학교의 경제학자 쿠츠네츠의 여섯 가지 근대 경제성장의 특징은 ① 높은 1 인당 실질GNP와 인구의 증가율 ② 높은 요소생산성의 증가율 ③ 높은 경제구조의 전환율 ④ 사회・정치・이념상의 높은 전환율 ⑤ 두드러지는 대외진출 경향 ⑥ 세계적으로 제한된 성장을 들었다.

2. 균형성장론과 불균형성장론

1) 헤로드 도마모형과 신고전학파 균형성장 모형

성장의 정형화된 사실을 설명하기 위한 본격적인 시도는 공급능력 증대와 함께 총수요측면도 고려한 포괄적인 경제성장이론인 헤로드-도마모형(Harrod-

Domar Model)과 솔로우(Robert Solow)의 신고전파적 성장모형에서 이루어졌다.

먼저 해로드(Roy Harrod, 1900~1978)와 도마(Evsey Domar, 1914~1997)는 경제성장을 위해서는 국가의 저축률, 저축된 자본의 투자에 의존한다고 했다. 이를 위해 정부는 고정자본, 인적자본에의 투자 증가, 저축 및 기술발전을 장려해야 한다고 주장하였다.

한편, 솔로우(Robert Solow)는 해로드-도마모형을 비판하였다. 솔로우의 주장은 먼저, 실제로는 해로드가 가정했던 대로 노동대비 자본의 투입비율이 같지 않다고 했다. 현실경제는 대공황 기간이 아닌 이상 나이프에지(knife-edge)[1] 상태에 있지 않고, 경제를 균형상태로 되돌리려는 시장메커니즘이 존재하며, 안정적인 성장을 이룰 수 있음을 보인다는 것이다. 이는 신고전성장모형(neoclassical growth model)이 안정적이며, 균형으로의 자기조정 능력이 있음을 증명한 것이라고 보고, 불안정한 경제성장에 대해 이야기한 케인지언(Keynesian Economics)에 대한 반론이기도 하다. 둘째, 경제성장의 원동력은 장기적 관점에서 볼 때, 기술 발전이라는 것이다. 원래 경제학자들은 자본과 노동의 증가가 경제성장의 원인이라고 생각했다. 그러나 이 자본, 노동 두 가지로 설명되지 않는 “솔로우 잔차(Solow Residual)[2]” 부분이 기술 혁신에 의한 것이라고 주장한다. 기술진보는 모형 밖에서 외생적으로 주어진 것으로 간주하였다. 이와 같은 솔로우모형은 1960년대와 1970년대 경제학자들의 발전정책에 상당한 영향을 미쳤다.

---

1) 사전적 의미로는 정밀기계나 기기에 사용되는 베어링의 일종인데, 평면, 凹면, V형 날자리에 50∽120°의 쐐기각을 가진 날 끝을 대고 사용하는 것을 말한다. 경제학에서, 해로드는 경기가 불완전한 상태가 반복되는 현상으로 현실성장률이 적정성장률 보다 큰 상태를 호경기, 그 반대의 상태를 불경기라고 했다.
2) 솔로우잔차는 양적투입증가 이외의 부분에 의해 이루어지는 경제성장을 말한다. 이를 총요소생산성(TFP: Totoal factor productivity)라고도 한다.

2) 넉시(Ragnar Nurkse)의 균형성장이론

후진국은 수요와 공급의 양면에서 빈곤의 악순환을 겪고 있다. 수요면에서의 빈곤의 악순환은 저소득 → 작은 시장 → 낮은 자본수요 → 저생산 → 저소득으로 표시된다. 공급면에서의 빈곤의 악순환은 저소득 → 저저축 → 낮은 자본저축 → 저생산 → 저소득으로 표시된다. 넉시(R. Nurkse)는 빈곤의 악순환을 낳는 핵심적인 고리는 작은 시장이라고 보는 입장에서 경제의 모든 부문을 고르게 성장시켜 전체적인 시장의 확대를 도모해야 한다고 주장한다. 이러한 개발이론을 균형성장론이라 한다.

3) 허쉬만(Albert O. Hirschman)의 불균형성장론

자본부족에 허덕이는 후진국은 몇몇 전략산업에 집중 투자하여 전후방연관효과를 통한 역동적인 경제개발을 추진해야 한다고 주장한다. 이러한 개발이론을 불균형 성장론이라 한다. 균형성장과 불균형성장 중 어느 쪽이 합리적인 전략이냐 하는 것은 각국의 경제사정에 따라 좌우된다. 처음 경제개발을 추진할 때는 불균형 성장론의 권고대로 어느 정도의 불균형성장은 불가피하다. 그러나 균형 성장론의 주장을 따라 산업 간의 불균형이 곧 시정되도록 하고 우선순위산업의 판로문제를 적절하게 고려하는 것이 바람직하다.

후진국의 기본 애로요인인 낮은 자본저축을 해결하는 길은 ① 자발적인 국민저축, ② 잠재실업의 생산인구화, ③ 외자도입 등이 있다.

3. 잠재실업과 외자도입

1) 잠재실업

노동의 한계생산물이 0이거나 0에 가까운 농촌인구로서 사실상 실업상태에 있지만 농업이 가족노동에 의해 경영되고 있기 때문에 표면적으로는 실업자로 노출되지 않은 상태를 말한다. 넉시(Ragnar Nurkse)[3]에 의하면 잠재실업을 이용한 자본축적은 생산에는 기여하지 않으면서 소비에는 참여하고 있는 잠재실업자를 농촌으로부터 도시의 비농업부문으로 이동시켜 농촌에서 소비하는 잠재실업자의 소비액만큼을 저축화 함으로써 이루어진다. 루이스에 의하면 잠재실업으로 인한 무한노동 공급 하에서 자본축적은 상대적으로 늘어나는 자본소득과 이윤에 의해 이루어진다. 우리나라의 자본축적은 루이스(W. A. Lewis)의 잠재실업이론과 적극적인 외자도입정책으로 설명된다.

2) 외자도입

외자도입은 긍정적인 효과와 부정적인 효과를 가진다. 긍정적인 효과로는 소득・고용효과, 개발효과, 국제수지효과를 들 수 있다. 부정적인 효과로는 경제의 대외의존효과, 원리금상환부담효과, 국민저축위축효과를 들 수 있다. 한 나라의 외채상환능력은 단기적인 면에서 볼 때 외채상환부담률에 의해 주로 평가된다. 외채상환부담률=원리금 상환 소요액 / 재화와 서비스의 수출액이다. 일반적으로 외채상환부담률이 0.2 이하이면 외채상환능력이 양호하다고 평가한다. 장기적인 면에서 볼 때는 경제성장률・한계저축률・수출신장률에 의해 평가된다.

3) 본명 레그나 누르크세(1907~1959) 에스토니아 출신, 캐나다 이민(1928년), 국제경제 및 정책(재정과 개발)분야에서 활동, 콜롬비아대학 교수, "빈곤의 악순환(vicious circle of poverty)" 이론으로 유명.

[로스토우의 경제성장 5단계설]

저명한 반공 사상가로, 자유 기업과 자본주의의 효율성을 크게 신뢰했다. 그는 존 F. 케네디와 린든 존슨 행정부 하에서 국가 안전 보장 고문으로 일했는데, 그는 미국의 베트남 전쟁 참전을 지지했다. 1960년 미국의 메사추세츠 공과대학교의 교수로 재직 중에 로스토우(Walt Whitman Rostow)는 경제 발전의 단계를 발표했는데, '반공산당선언(The Stages of Economic Growth: A Non-communist Manifesto)'이라는 저서이다. 특히 전 박정희 대통령의 선호에 의하여 국내 초청이 다수 이루어진 적 있어서 유명한 반공 경제사학자이다. 경제성장 5단계 설은 전통사회(Traditional Society) · 선행조건단계(Transitional Society) · 도약단계(Take off) · 성숙단계(Drive to Maturity) · 고도대중소비단계(High Mass Consumption)로 구분한다.

4. 경제발전전략

경제발전전략은 먼저 성장과 발전의 원천을 본다면, 자본 형성, 인적 자원 확충, 기업가 능력의 함양, 사회 간접자본의 함양 등에서 찾을 수 있다. 국가에 맞는 발전전략으로는 수출산업 중심이냐 수입대체 중심이냐에 따라 달라진다.

[해외 대규모 토지 임대 구입 진출 사례]

[아르헨티나 야타마우카 농장 사례]

1967년도 한국 정부가 매입하였다. 식량영토 확보가 아닌 인구분산 측면에서 추진을 위한 시책이었는데, 농업이민은 사실상 실패였다고 판단, 이 농장은 약7천만 평으로 전북 새만금 지역과 면적은 비슷이 농장이 소금 땅이 아니고 정상적인 땅이라 해도 곡물부두 사용 비용이 곡물메이저에게 직접 구매와 비슷한 비용이 소요되는 관계로 경제성이 없다.

5. 경제발전의 주요논점

현대의 경제발전에 대한 주요논점은 1) 식량부족 2) 규제와 법적 권리 3) 인적 자본의 부족에서 찾을 수 있다.

— 세제상의 혜택이 존재하는 곳 '조세피난처(tax haven)'

'조세피난처(tax haven)'란 특정 세금이 낮은 세율로 부과되거나, 또는 전혀 부과되지 않는 국가 또는 지역(jurisdictions)을 뜻함. 다국적 기업들이 이용하는 대표적인 조세 회피 수단. 조세를 회피하려는 개인 또는 기업은 이러한 국가나 지역에 거주하거나, 기업의 자회사 또는 서류상의 회사(즉 paper company)를 설립. 어떤 종류의 조세가 어떤 방식으로 적용되는지는 국가 또는 지역에 따라 여러 가지 형태로 나타나기 때문에 일률적으로 정의하기는 어려움 존재.

예를 들어, 영국은 특정 국외소득에 대해 조세를 물리지 않음. 스위스의 경우도 외국인은 특정 과세소득액을 약정하면, 그 이상에 대해서는 세금을 내지 않아도 되는 조세피난처임. 모나코(monaco)와 안도라(andorra)는 소득세 전무함. OECD는 조세피난처를 네 가지 요건에 따라 정의함.

첫째, 세금을 부과하지 않거나 저율의 세율을 적용하고, 둘째, 투명성이 결여되어 있고, 셋째, 정부 간 조세에 관한 정보교환을 하지 않으며, 마지막으로 실질적인 기업이나 경제활동이 없는 경우를 조세피난처로 규정함.

얼마 전까지 OECD에 대해 투명성과 정보교환을 약속했던 33개의 조세피난처들 중에서 Andorra, Liberia, Monaco, Marshall 군도, 그리고 Liechtenstein 등이 최근까지 비협조적인 조세피난처로 남아 있음.

Chapter 10

한국 경제 발전사

1. 근세이전의 경제 발전사
2. 현대 한국 경제 발전사
3. 한국 경제성장 및 발전의 이론

Chapter
10 한국 경제 발전사

제1절 근세이전의 경제 발전사

1. 고대 이전의 경제 발전사

1) 고조선 경제사회

고대사회는 고조선이전부터 고조선시대에는 줄곧 북경이북지역에서 강성한 국가가 동이족계열의 국가이다. 이중에 고조선이 가장 오랜 기간 이 지역을 지배하였다. 가장 시대상을 반영한 것이 화폐의 사용이다. 경제가 발전하면 상업이 발달한다. 상업이 발달하려면 화폐의 통용이 불가피하다. 그런 측면에서 본다면 고조선의 경제는 아시아의 경제중심국가로 발전했다는 것을 알 수 있다. 이를 살펴보면 다음과 같다.

(1) 고조선의 경제와 산업

고조선의 경제적 기초는 농업이었다. 그밖에 유목, 사냥, 고기잡이, 채집이 병행되었다. 토지제도는 균전제(均田制)를 채택하다.

특히, 고조선에는 교환경제가 발달하였으며, 교환의 기준을 위한 도량형 즉 쌀되와 저울 등을 이미 통일하였고, 패전(BC2133), 자모전(BC1680), 패엽전(BC1426), 방공전(BC642), 명도전(BC925?) 등 화폐의 개발이 이루어졌다. 또 이 시대에는 이미 산업이 발달하여 공창(工廠)을 건설하여 종이, 베, 선박 등을 생산하였다. 또 농업국가의 기본인 치산치수(治山治水)에 성공하여 하(夏)나라의 우(禹)에게 팽오(彭吳)로 하여금 치수하는 방법을 가르쳐 주었다. 고조선은 고도의 정신문화뿐 아니라 경제적으로도 아주 풍요로웠던 나라로 알려졌다.

(2) 고조선의 화폐유통 관련 연구

한반도를 비롯한 고대사회 동이족이 경제권을 형상하고 거주하던 지역에서 지금까지 고조선사회 이전 및 이후까지 동이족이 화폐를 사용함에 있어서, 현재 중국에서는 중국내에서 발행된 화폐는 모두 자신의 화폐로 취급하고 있다. 그것은 중국의 국가주의적인 관점으로 주관적으로 해석함에 기인한다. 또한 일본은 일본의 관점에서 주관적으로 해석하고 판단한다. 이러한 관점의 차이는 학문적인 주관성으로 객관성이 결여되는 문제를 낳고 있다. 즉, 그 사이 역사에 대한 인식차이가 크다는 것을 의미한다. 이러한 상황에서 우리나라 역사학적 관점이 어떤지 살펴볼 필요가 있다.

우리나라 역사에 대하여 객관성을 갖고 바라본다고 하는데, 신민사관으로 우리나라 역사를 해석하고 있다고 여긴다. 왜냐하면, 주류역사학자들이 일제식민지 시절에 조선사편수회 등 일제 앞잡이 역할을 했기 때문에 이에 대하여 선입견이 형성되어 있다. 특히, 이들이 연구하는 논문의 인용지수를 보면 압도적으로 일본학자들의 연구결과를 따르고 이들의 연구를 인용하기 때문이다. 따라서 이러한 편협된 사고나 편협된 학문을 탈피하고 건강한 유통경제사를 정립하여야한다. 한편 고조선 시기 한반도 서북부와 중국 동북지역에 걸쳐 분포하고 있는 화폐유적의 경우 유물 갖춤새와 유구 등에서 여러 집단에 의해 사용되었을 가능성을 보여주고 있다. 또 管子에 따르면, 고조선은 BC 7세기 제(齊)나라와 교역을 했고, 1980대 이후 중국동북지역과 한반도에서 화폐유적이 꾸

준히 발견되면서 명도전유적과 세형동검유적의 분포범위가 일부 중첩되고 있다는 점과 화폐 출토 유구와 공반 유물에서 세형동검문화와 이 발견된다는 친연성(親緣性) 사실을 지적하였다(박선미, 2005)[1]. 이외 기원전 7세기의 貨具 출토와 연결시켜 고조선의 명도전 사용을 긍정하거나, 세죽리 연화보유형의 문화를 연나라의 영향 하에서 보급된 것으로 보면서도 요하 청천강 일대에서 출토되는 명도전에 대하여 토착민들이 소유하였던 화폐일 가능성을 열어 두는 견해가 발표되기도 하였다(이청규, 2002)[2].

이와 같이 고고학과 문헌사적으로 접근해보면 화폐유통에 관한 관련 자료가 존재한다. 삼국지 위지동이전에서 기자조선 시기에 8조금법(八條禁法) 중 "남의 물건을 도둑질한 자는 소유주의 집에 잡혀 들어가 노예가 됨이 원칙이나, 자속(自贖:배상)하려는 자는 50만 전을 내놓아야 한다(相盜, 男沒入爲其家奴, 女子爲婢, 欲自贖者人五十萬)"이라는 기록은 고조선의 화폐사용을 시사하고 있으며, 변진(弁辰)에서 철을 돈과 같이 사용했다는 후한서 동이열전의 기록은 한반도에서도 화폐사용을 보여주는 사료이다. 이와 같이 여러 사료에서 고조선사회에서 화폐유통이 보편화된 점을 알 수 있다.

(3) 고대사회 통용된 화폐의 종류

먼저, 자모전(子母錢)은 고조선 BC1680년 고불왕 42년에 자모전을 주조하기 시작했다고 했다. 또한 한치윤의 해동역사에서도 기자조선은 자모전이라는 철전을 주조하였다고 주장했다. 이는 동국사략과 같은 내용이다.

---

1) 박선미 (2005). *戰國 秦 漢 초 화폐 사용집단과 고조선의 관련성*. 북방사논총 7, Seoul, Korea: 고구려연구재단.
2) 이청규(2002). 韓中交流에 대한 考古學的 접근 :청동기시대에서 철기시대까지. 한국고대사연구, 32, 105~110.

자료원: 박선미((2005).

〈그림 10-1〉 **고조선강역과 명도전 발굴지역**

둘째, 명도전(明刀錢)은 청동 도자(刀子)를 본떠서 만든 도자형 청동화폐로 고조선영역인 동북지역과 한국에서 많이 출토되고 있다. 이는 첨수도(尖首刀)에서 바뀐 것으로 표면에 명(明)자 또는 역(易)자 비슷하게 표시되어 있어서 명도전이라 불린다.

특히, 명도전은 출토된 숫자와 그 지역이 중국동북지역과 한반도가 압도적으로 많다. 오히려 고조선 땅이었던 100년 존속한 연나라지역 외에는 중국지역에서 거의 발견되지 않고 있다. 즉, 그 출토 영역은 한반도와 요동 지방인데, 이것은 완전히 고조선의 영역이다.

명도전은 기원전 7세기 전부터 기원전 3세기 무렵까지 만주지역에는 3종류의 화폐가 있었는데 '첨수도(尖首刀: 도전의 칼날 끝부분이 뾰족한 것)' '원절식도전' '방절식도전'이다. 제조 연대는 대체로 첫 번째 종류가 전국시대 초기, 두 번째 종류는 연나라가 제나라를 점령했을 때, 세 번째 종류는 전국시대 후기에 발행된 것으로 추정되고 있다.

셋째, 기타 화폐는 다음과 같다. 즉 고서적 단군세기(檀君世紀)에 의하면, 무자(戊子) 5년(단기 201, BC 2133)에 둥근 구멍이 뚫린 패전(圓孔貝錢)을 주조했다는 기록이 있다(김연성 외, 2014)[3]. 특히, 중국 하가점 유적 발굴 시에 기록과 동일한 형태가 발견되었다. 즉, 조개에 둥근 구멍을 뚫은 원공해폐(圓孔海幣)가 발견되어 고서의 기록은 주조이지만 이 유적은 실제 조개(동남아지역 서식하는 카우리조개)임에 어느 정도 일치하고 있다.

2) 삼국시대의 경제

국가가 존속하려면 가장 중요한 것이 바로 세금을 걷는 것이다. 물론 화폐가 발달하지 않았던 고대에는 돈 대신 쌀이나 옷감, 노동력, 특산물 등을 공물(貢物)로 거둬서 국가경영을 유지했다. 삼국시대(三國時代)에도 세금이 노동력을 기준으로 부과되었다. 당시에는 농업 기술이 그리 발달하지 않았기 때문에 한 번 농사를 지은 땅은 1~2년 정도 농사를 쉬어야 하는 휴경법을 사용했다. 삼국 시대에는 땅의 유무문제보다는 일을 더 많이 하여야 하는 노동력이 생산량에 많은 영향을 끼쳤다. 그러나 그 양이 과도하게 많아서 후에 농민들이 과도한 수취를 견디지 못하고 동요하게 되는 계기가 되기도 하였다. 일반 농민보다 더 많은 수탈에 허덕였던 사람들이 있으니 바로 피정복민이다. 처음에 삼국은 서로 영토를 뺏고 빼앗는 와중에 정복한 지역에 대해서는 과도한 세금을 부과하거나 피정복민을 노비로 만드는 등의 차별을 두었다.

삼국은 농업중심의 사회였으므로 대부분의 세금을 내는 농민들이 몰락한다는 것은 곧 국가 재정이 무너진다는 것을 의미한다. 나름대로 농민 보조책이나 구휼제도(救恤制度)를 통해 농민들을 도우려는 노력이 필요했던 것입니다. 그래서 농민에게 철제 농기구를 보급하거나 소를 이용한 농사를 짓도록 권장했다. 이밖에도 농민 생활을 안정시키기 위해 구휼정책을 실시했는데, 고구려(高句麗)의 진대법(賑貸法)이 그 대표적인 예이다. 하지만 이들은 대게 임시적인 방편이었을 뿐 근본적인 해결책은 되지 못했다. 제도가 철저히 지켜지지 않았기도 하지만, 이미 수탈해 놓고 조금 도와준다는 형식의 제도 자체가 근본적으

---

3) 김연성, 남창희, 송옥진, 이관홍 (2014). 조개화폐의 발굴과 단군세기 기록의 사료적 가치 재평가. 서울 역사박물관 세계환단학회 창립기념 학술대회 발표논문집.

로 농민이 잘 사는데 도움을 줄 수 없었다는 이야기다.

신라(新羅)는 5세기 말 수도인 금성에 동시라는 이름의 시장을 개설했는데 시장을 감독하는 동시전이라는 관청도 설치해서 점포의 영업시간까지 규제하였다. 시장에서는 주로 비단이나 장신구와 같은 사치품들을 취급했고 덕분에 주고객은 관료나 귀족과 같은 지배층들이다. 상업이 더 발달하면서 개인 상인들도 등장했습니다. 귀족들이 시장에서 사들이는 상품들에는 무역을 통한 사치품들이 많이 포함되어 있었다.

삼국의 무역은 주로 공무역의 형태로 이루어졌다. 그 중에서도 중국과는 주로 국물이나 직물 등 수출하고 사치품을 수입하는 형식이었다. 삼국의 주요 무역상대는 각각 차이가 있었다. 삼국은 각각 자신의 우호국들과 무역을 해나갔기 때문이다.

고구려는 주로 북방 민족이나 남북조와 백제(百濟)의 경우에는 남중국이나 왜와 무역을 해 나갔다. 신라의 경우 초기에 직접적으로 국제무역을 하지 못했으나 한강을 차지하고 난 뒤에는 당항성(黨項城)을 통해 당과 직접 무역을 할 수 있게 되었다. 귀족의 경제생활을 살펴보면, 귀족 경제생활의 밑받침은 땅과 노비였다. 이미 이들은 스스로 소유하고 있던 토지와 노비가 있었고 그 외에도 국가에서 공을 세운 귀족에게 지급하는 녹읍(祿邑)이나 식읍(食邑) 등이 있었다.

한편, 백제(百濟)는 22담로를 보유한 해상제국이었다고 다수의 역사서에 나온다. 이중에 한 사례로 고대 역사서인 사기(史記) 오제기(五帝記)에 보면, 동남아의 큰 섬 15군데나 속국으로 가지고 있었다고 기록하고 있다. 특히 사기 본문에서는 왜국(倭國)이 큰 섬에 있었으며, 대만, 미얀마, 태국은 물론 필리핀, 보루네오, 자바 등이다. 그 중에서 중요한 것은 왜국이 있었는데 왜국(倭國)도 백제의 속국이었으며, 백제는 당(唐)나라 때 왜국을 일본(日本)이라 고쳤다고 기록하고 있다는 점이다. 이외에도 백제에 관한 기록이 많다. 즉, 『양서』에 의하면, 백제는 본래 고구려와 더불어 요동의 동쪽에 있었다. 진(晋)나라 때 백제가 요서, 진평2군을 점유한 후 백제군을 두었다. 『남제서』에 의하면, 태화 14년 후위의 효문제가 기병 수십만을 동원하여 백제를 공략하여 그 국경을 넘었으나 모대(동성왕)이 대군으로 크게 격파하였다.『송서』에 의하면, 백제는 원래 고구려와 요동 동쪽 1천리에 있다. 그 뒤 고구려가 요동을 공격하여 차지하자 백제는 요서를 공격하여 차지하고, 다스리는 곳을 진평군, 진평현이라 하였다. 『삼국사기』최지원전에 의하면, 고려(고구려), 백제가 전성하였을 때에는 강병이 100만 명이어서 남으로는 오, 월을 침공하고 북으로는 유, 연, 제, 노의 지역을 흔들어서 중국의 큰 골칫거리가 되었다.

삼국시대의 농민의 경제생활을 보면, 삼국이 모두 농민은 자작농과 소작농으로 나눌 수 있었는데, 토지를 가지고 있어도 힘겹게 살아가는 농민들이 많았다. 소가 없다거나 철제 농기구가 없는 농민들은 귀족한테 빌려서 농사를 짓기도 했다. 아직 시비법도 발달하지 않았고 귀족들의 땅에 비해 척박한 땅이 대부분이었기 때문에 한번 농사지은 땅에 대해서는 다시 비옥해져서 농사지을 힘을 회복할 때까지 시간이 많이 소요되어야 했다. 그러나 철제 농기구는 6세기에 이르러 널리 사용되었으며 우경(牛耕)도 점차 확대되었다. 토지 없는 농민들의 경우에는 품을 파는 일들을 했는데 이들은 그 대가로 곡식 등을 받아 살아갔다. 이들의 생활은 더욱 어려워 노비가 되는 일도 많았다. 특히, 농민 생활이 어려워지는 데는 언제나 국가의 수취도 한 몫을 했다. 토지에서 나는 소출이나 토산물을 걷어가는 것뿐만 아니라 여러 가지 공사에 동원되었다. 이러한 착취는 농민들을 노비화 및 유랑화를 부추기게 된다. 게다가 삼국 간의 대립이 치열해지면서 군량미와 같이 전쟁에 쓰이는 물건에 대한 공납이 늘어나 농민들의 생활은 더욱 궁핍했다.

3) 남북국시대의 경제

(1) 통일신라 경제

통일 후 신라는 영역이 확대되고, 인구의 증가, 생산력의 증대, 강력한 군사력을 바탕으로 정치적인 안정을 이룩할 수 있게 되었으며 왕권의 전제화가 진행되었다. 무열왕(654~661)은 최초의 진골출신 왕으로 직계자손의 왕위세습을 확립하여 왕권을 안정시켰다. 왕의 동생들에게 특권적으로 인정해 주던 갈

문왕제도를 폐지하였다. 왕명을 받들고 기밀사무를 관장하는 집사부의 장관인 시중의 기능을 강화하고 귀족세력의 이익을 대변하던 상대등의 세력을 억제하였다. 문무왕(661~681)은 당을 축출하고(676) 통일왕국을 형성하였다. 신문왕(661~691)은 김흠돌 모역사건을 계기로 귀족세력을 숙청하고 전제왕권을 확립했다. 중앙집권강화를 위해 9주 5소경의 지방행정조직을 완비하고, 외사정(外司正)이라는 감독관을 파견하여 감찰을 강화하였다. 문무 관리에게 관료전을 지급하고 귀족의 경제기반이었던 녹읍을 폐지하였다. 유교정치이념의 확립을 위해 유학사상을 강조하고, 유학교육을 위해 국학을 설립하였다. 중앙군인 9서당과 지방군인 10정을 조직하였다. 왕권강화의 일환으로 진골귀족 세력의 견제를 위해 6두품을 대거 등용하여 왕의 정치적 조언자와 행정실무를 담당하게 하였다.

한편 경덕왕(8세기 중엽) 이후 진골 귀족세력의 반발로 녹읍을 부활하였으며, 사원의 면세전 증가로 국가재정을 압박하게 되었고, 귀족들의 향락과 사치로 농민들의 부담이 가중되면서 신라 말기의 사회는 크게 동요되는 모습을 보이게 된다. 이와 같이 지배층인 진골귀족들의 분열과 함께 신라 하대의 정치혼란에 영향을 준 또 다른 세력은 장보고(張保皐)로 대표되는 해상세력이었다. 828년 당나라에서 귀국한 장보고가 흥덕왕(興德王)을 알현하여 병사 1만을 얻어 청해진을 설치한 뒤 해적을 제압하고 무역을 독점함으로서 지방 세력과 중앙 귀족들이 사병을 확장하는 자극제가 되었기 때문이다. 장보고의 해상 세력 득세는 율령체제를 근간으로 하는 신라의 합법적인 기능을 붕괴시키는 한 원인이 되었기 때문이다. 이런 분위기가 지방으로 확대되자 신라의 경직된 체제로는 수습할 수 없는 지경에 이르게 되어 결국 중앙 권력 체제는 완전히 마비되고 말았다. 특히 진성여왕(眞聖女王)대에 이르러 사회혼란은 극에 달하게 되자 이 기회를 이용하여 지방에 근거를 둔 호족 세력들은 자신들의 세력을 확장하기 시작하였다. 이로 인해 통일 신라는 후삼국(後三國)으로 분열되고 말았다.

(2) 발해의 경제

발해(渤海)의 수취 제도는 조, 콩, 보리 등 곡물을 거두는 조세와 베, 명주, 가죽 등의 특산물을 거두는 공물, 그리고 궁궐, 관청 등의 건축에 농민들을 동원하는 부역이 있었다. 발해의 귀족은 대토지를 소유하고 무역을 통하여 당의 비단, 서적 등을 수입하여 화려한 생활을 할 수 있었다. 특히 발해는 9세기에 이르러 사회가 안정되면서 농업, 수공업, 상업이 발달하였다. 농업에서는 밭농사가 중심이었으며, 일부 지역에서는 벼농사도 지었다. 특히, 목축이 발달하여 돼지, 말, 소, 양 등을 길렀는데, 말은 주요한 수출품이었다. 수렵도 활발해 모피, 녹용, 사향 등도 많이 생산되어 수출되었다. 수공업은 철, 구리, 금은 등 금속 가공업과 삼베, 명주, 비단 등의 직물업, 도자기업 등 다양한 분야에서 발달하였다. 그리고 수도인 상경 용천부 등 도시와 교통 요충지에서는 상업이 발달하였다. 발해(渤海)는 당, 신라, 거란, 일본 등과 무역하였다. 특히, 당과는 해로와 육로를 이용하여 무역을 하였는데, 산동 반도의 지역에 발해관을 설치하고, 일본과의 무역도 규모가 한 번에 수백 명이 오갈 정도로 활발하게 진행 되었다. 발해의 수출품은 주로 모피, 인삼 등 토산물과 불상, 자기 등 수공업품이었다. 수입품은 귀족의 수요품인 비단, 책 등이었다.

한편, 토지와 농민을 둘러싼 국왕과 귀족 간의 갈등이 많았다. 신당서에 의하면, 재상가에는 녹(祿)이 끊이지 않았다. 노동(奴僮)이 3,000명이고, 비슷한 수의 갑옷과 무기, 소, 말, 돼지가 있었다. 바다 가운데 섬에서 길러 필요할 때에 활로 쏘아서 잡아먹었다. 곡식을 꾸어서 갚지 못하면 노비로 삼았다.

2. 중세 및 근세 경제 발전사

1) 중세 및 근세의 경제

(1) 고려시대의 경제

고려시대는 중농정책으로 농업이 발달했다. 특히, 벽골제, 수산제 등의 수리 시설이 확충되었고, 비료를 주는 방법인 시비법이 발달하면서 휴경지가 감소했다. 농기구와 종자를 개량하였고, 소를 이용한 심경법의 보급되었다.

한편 황무지 등을 개간하면 국가에서는 일정 기간 세금을 면제해주었는데 대표적인 간척지로 무신정권기에 몽골의 침략으로 이를 피해 천도했던 강화도가 있다. 강화도는 무신정권이 수도를 옮기면서 개간사업이 많이 이루어졌다.

수공업과 상업이 개경을 중심으로 발달했다. 개경에는 시전을 설치(919)하여 생활품을 팔았다. 그렇지만 주로 관청, 왕실, 귀족들에게 생활품을 공급했다. 개경, 서경, 동경에 관영 상점을 설치하였다. 매점매석 등의 시전 행위를 감시하기 위해서 경시서를 두었다. 지방은 비정기적인 시장이 열리고 각지를 돌아다니며 상거래를 하는 행상이 있었다.

고려 후기에는 사원에서의 상업 활동이 활발해지는데, 고려는 숭불 정책을 펼쳤기 때문에 사원은 왕실과 귀족으로부터 많은 토지를 기증 받았고, 면세와 면역의 혜택도 누렸기 때문으로 여겨진다. 사원에서는 연등회와 팔관회를 거행하면서 필요한 물자의 생산과 승려나 사원 소속의 노비가 만든 직물, 술 등을 판매하였다. 고려 경제를 좌지우지할 정도로 발달했다. 이와 같이 사원 중심의 경제 활동이 활성화되면서 폐해가 불거지고 고리대를 통한 부의 축적도 일어나면서 고려 후기에는 척불 운동이 일어나게 된다.

대외무역은 고려 후기 상업 활동의 규모가 커지고 전문화되면서 도성 밖으로까지 확대되었다. 물론 지방의 행상도 활발해졌다. 고려시대 국제 무역항으로 벽란도가 번성하였고, 대외무역은 적대시한 거란과 일본과는 활발하지는 않았지만, 송과의 무역은 활발하였다. 고려는 송나라에 금, 은, 구리, 인삼, 나전칠기, 화문석, 인삼을 수출하고, 비단, 약재, 서적, 자기 등을 수입했다.

(2) 조선시대의 경제

조선시대는 사농공상(士農工商)으로 철저하게 구분되는 엄격한 유교문화의 사회였다. "사농공상"이란 단어의 뜻은 제일 첫 단어부터 제일 마지막 단어 순서로 이어지는 계층의 순서를 가리키는 단어이다. 지배 계층을 가리키는 말인

사(士)는 최고의 높은 계층을 가리키는 말이고 그 다음으로 높은 단계로 계층을 농사를 짓는 계층으로 가리키는 농(農)이다. 그 다음으로의 상위 계층은 물건을 생산하는 계층인 공(工) 기술자들이며 마지막으로 상(商)에 속하는 계층인 상인이 최하위 계층이다. 그래서 상인들을 제일 홀대하고 천시(賤視)하였다. 사농공상(士農工商)이란 단어가 여기서 유래된 것이다.

조선시대에 비하여 고려시대까지만 해도 우리나라는 황해도 예성강 하류 지역에 위치해 있던 국제무역항인 벽란도 등에서 외국 상인들과의 거래가 활발하였고 그밖에 여러 분야에서도 상업(商業) 분야는 활동적이었다. 그런데 고려가 망하고 조선시대에 들어서서 유교가 국가 통치 이념이 되었는데, 이 유교가 조선시대의 상업 분야를 위축시키는 작용을 한다. 그 유교의 가르침에서 사농공상 논리(論理)가 있기 때문이다.

조선시대에는 국내에서 생산한 물품의 대부분을 국내에서 소비되는 구조다. 즉 자급 자족 경제 사회였던 것이다. 조선시대의 정조(正祖) 시절에 활동하던 박지원(朴趾源)은 허생전(許生傳)을 써서 이러한 조선의 경제의 문제점을 지적하여 비판을 하기도 하였다. 시간이 지날수록 조선시대의 사회는 부패하기 시작했다. 이러한 상황이 임진왜란과 병자호란을 겪으면서 국가경제는 망신창이가 되었고, 결국 열국의 침략야욕에 우리나라 경제를 겁탈 당하게 되었다.

2) 중세 및 근세의 화폐경제

(1) 고려의 화폐경제

삼국시대나 통일신라시대에는 화폐주조의 기록이 없다. 그러나 고려시대에 와서는 국가에 의한 적극적 화폐주조의 시도가 있었다. 고려 성종 때 996년에는 중국의 엽전을 모방한 건원중보(乾元重寶)를 주조하였다. 15대 왕 숙종 7년(1101년) 때는 주전도감(鑄錢都監)을 설치하고 여러 가지 동전(銅錢)을 주조하였다. 삼한통보(三韓通寶)와 해동통보(海東通寶)가 그것이다. 숙종 때부터 은화도 유통되었다.

고려 말에 등장한 저화(楮貨)는 이러한 화폐 유통의 난맥과 부족사태를 타개하기 위해 고려 공양왕 3년(1391년) 자섬저화고(資贍楮貨庫)에서 닥나무 껍질로 만든 지폐(至元寶鈔)를 발행하였다. 이것이 송과 원의 지폐를 참조한 저화였다. 저화는 고려의 마지막 왕인 공양왕 3년에 처음 발행되었으나 본격적으로 유통될 시간을 갖지 못했다. 하지만 고려를 이은 조선은 저화를 계승하였지만 차츰 가치가 떨어져 유통되지 않았다.

(2) 조선시대 화폐경제

세종은 동전(銅錢)인 조선통보(朝鮮通寶)를 대량으로 주조하려고 하였다. 그러나 원료로 사용하는 구리의 부족으로 많은 양을 주조하지 못했다. 그래서 대량유통에는 한계가 있었다. 조선의 화폐유통이 크게 늘어난 것은 임진왜란과 병자호란 이후인 17세기에 와서부터이다. 인조 때부터 주조하기 시작한 상평통보(常平通寶)는 숙종 때에는 전국적으로 유통되었다. 화폐의 유통이 확산되면서 경제도 활력을 띠어 갔다. 그러나 개인들에 의한 위조 화폐의 주조가 상당히 많이 이루어졌다.

19세기에 오면 조선 경제는 활기를 잃고 국가 재정도 악화되었다. 그래서 고종 초기 대원군이 당백전(當百錢)을 발행하여서 재정문제를 해결하기 위해 노력했지만 실패했다. 이유는 당백전은 상평통보의 100배의 명목가치를 갖는 주화인데, 실질가치는 기껏해야 5~6배를 넘지 않아서 엄청난 주조이익을 얻었지만, 조선시대의 대표적 악화로 악명을 떨쳤다. 이로 인해 당백전의 강제 유통으로 물가의 급격한 상승이 수반되었고 백성들의 불만이 심화되었다. 한편 당시의 주된 통화였던 상평통보(常平通寶)의 경우 많은 관청에서 주조하다보니 위조화폐가 문란하게 유통되었다. 특히 실질가치가 명목가치에 미치지 못하는 경우가 많았다. 더욱이 개항이 되면서 외국의 상인들에 의해 유통되는 외국의 주화도 적지 않게 유입되어 유통되었다. 즉 청국 상인들의 마제은, 러시아의 루블화, 일본의 은화가 많이 유통되었다. 심지어는 멕시코 은화도 유입되었다. 또 청일전쟁이후에는 일본의 은화와 교환될 수 있는 일본 은행들의 지폐의 양도 급속하게 증가하였다.

이러한 화폐유통의 혼란을 막고자 서양식 금속화폐 시스템을 도입하려고 1883년 전환국(典圜局)이 설치하여서 독일에서 화폐주조기와 기술자를 도입하였다. 그러나 의도대로 되지 않았다. 즉 전환국에서 주조한 화폐는 대부분 실제가치가 미미한 백동화가 대거 주조된 반면 본위화폐로 여겨진 5량 은화의 주조액은 지극히 미미하였다. 그 뒤 일어난 갑오개혁을 통해 개화파 정권은 조세를 전면적으로 금 납화하고 서양식 은본위제를 채택하였지만, 은화를 주조할 수 있는 은이 확보되지 않아서 1냥짜리 은화가 본위화폐가 되었다. 그러나 그마저도 주조액이 적어 근대적 화폐제도의 도입은 성공하지 못했다. 그 당시 신식화폐시스템이 성공하기 위해서는 중앙은행이 필요하다는 사실을 인식하여 중앙은행을 설립하려 했으나, 일본의 간섭에 의해 좌절되었다. 특히 일러 전쟁에서 승리한 일본은 우리나라 전환국을 폐쇄하게 만들고, 신 화폐는 일본에 의뢰하여 주조하게 했다. 이는 한국의 화폐상의 자주권을 상실하는 계기가 되었다.

이러한 상태로 한일합방이 이루어지고 36년간 일본 통치를 받게 되었다. 통치기간동안 경제적인 수탈이 치밀하게 이루어졌고, 여기에 친일주의자들이 대거 합세하면서 더욱 심한 수탈이 진행되었다.

제2절 현대 한국 경제 발전사

1. 해방이후 자본의 본원적 축적과정

1950년대 한국전쟁의 피해를 복구, 일본식민시대에서 미국의존적인 경제구조로 전환되었다. 종전 일본자본의 원시적 축적 대상이 된 것과 비교, 1950년대는 정치안정을 위하여 부득이, 귀속재산 염가 불하, 외국원조의 특혜배정, 특혜적인 조세금융지원으로 매판적 관료자본이 형성되는 시기이다. 정경유착에 의한 부정부패는 자본주의 발전 초기에는 자본축적을 촉진, 토착자본의 원시적 축적기로 작용하였다.

그렇다 보니 1950년대 미국의 원조로 한국경제를 부흥시킨 은혜자인가라는 의구심을 갖는 사람도 존재한다. 그러한 이유는 첫째, 농지개혁 실시, 한국경제의 종속적 자본주의화, 둘째, 일본잔재 귀속재산을 친미세력 헐값으로 방매함으로써 관료독점자본, 즉 재벌 양성, 셋째, 원조에 의해 대미의존경제 창출 등에서 그 이유를 찾는다.

1) 농지개혁에 의한 종속적 자본주의 발전 촉진

해방 직후 1945년 말 64.2%가 소작지였다. 일본인과 조선인 대지주가 소작지의 태반을 장악하고 있었다. 1945년 말 현재 206만 농가 중 49%(순소작농), 35%(자소작농), 14%(완전자작농, 지주 포함) 수준이었다.

이런 상황에서 미군정은 농민들이 일본인 소유농지를 즉각 무상분배하려는 움직임을 억압하고 동양척식회사의 후신인 신한공사를 설치하여 일본인 소유농지를 귀속농지로 장악하고 관리하였다. 한편, 1946년 3월에 북한에서는 무상몰수 무상분배의 토지개혁이 실시하였다.

미군정은 1948년 3월 22일에 5.10총선에 대한 농민의 지지 획득을 위해 신한공사가 갖고 구일본인 소유농지(귀속농지)를 분배하기 시작했다.

1950년 6월 25일에 북한이 한국전쟁을 일으킨 이유는 남한의 농지개혁이 실시되기 전에 남한을 장악하여 자신들의 주도하에 철저한 농지개혁을 실시함으로써 남한 농민들의 지지를 얻기 위해서였다는 논리를 전개하였다. 해방 후 1950년까지 계속 미루어져 왔던 농지개혁이 6.25 직전에 급속히 실시된 것은 미국과 한국정부가 북한에 의한 전쟁개시 조짐을 이미 알고 미리 이를 대처하기 위함이기도 하였다.

한국의 농지개혁이 갖는 역사적 의의를 보면, 첫째, 자본주의 체제하에서 반봉건적인 지주적 토지소유를 기본적으로 해체하고 농민적 토지소유를 확립시킨 것이다. 즉, 소작농이 대부분 자작농으로 전환되었다. 둘째 농지개혁은 한국의 자본주의 발전을 크게 촉진하였다.

매판자본(買辦資本 comprador capital)

식민지나 후진국에서 외국자본의 앞잡이 노릇으로 이윤을 착취하는 반민족적 토착자본을 일컫는다. 예속자본이라는 말과 내용이 비슷하지만 비난의 성격이 더 강하고 산업자본이라기보다 상인자본에 주로 해당된다.

원래는 외국자본과 자국시장을 중개하는 무역상인 또는 외국상사의 대리업자를 뜻했으며 중국 청조(淸朝) 말기 열강의 자본과 결탁해 폭리를 취했던 중국의 토착상인들을 가리키는 말에서 비롯됐다.

최근 제3세계론 에서는 그 개념이 보다 엄밀해져 '저개발 국가에서 정치적·경제적 지배력을 장악한 매판적 엘리트들이 선진자본주의 국가의 지배집단과 수직적으로 야합해 분업 (division of labor)내지 교역관계를 맺음으로써 자신들의 이익을 보호·유지할 뿐만 아니라 선진자본주의 국가의 착취를 조장하는 자본'이라고 규정했다.

민족자본(民族資本 native capital)

식민지·반식민지·종속국 등 후진국가에서 자주적·민주적으로 발전한 여러 가지 형태의 토착자본을 말한다.

보통 외국자본, 매판자본 또는 독점자본 등의 개념과 대립돼 사용되는데 외국자본에 대해 자국의 경제적 독립을 위해 노력하는, 또한 객관적으로 그러한 방향으로 나아갈 수 있는 경제적·사회적 조건이 갖추어져 있는 자본을 말한다.

2) 귀속재산 관리 처분에 의한 관료독점자본의 육성

일본인 소유 국내 전 자산(토지 제외)의 8할에 해당된다. 국내의 경우, 자본주의체제의 이승만정권의 안정적인 정치체제를 구축하기 위하여 지원하는 미군정의 방침에 따라, 재벌의 밑거름이 된 해방직후의 귀속재산의 불하가 되었다. 즉, '현행시장가격', 다시 말해 정부 산정가격의 50~60%의 가격으로, 대금은 전액 즉시 지불 또는 10%씩 최고 15년간 분할상환 조건으로 이루어짐으로써 재벌에 큰 축재기회를 주었다. 인플레가 심했던 시기였기 때문에 지불액은 더욱 경감되는 특혜를 누렸다. 미국은 한국에서 자신과 협력할 수 있는 자본가 계급을 육성에 중점을 둔 것이고, 이들에게 헐값으로 불하하였다. 50대 재벌 가운데 13개 재벌이 이렇게 해서 구일본인 기업 재산을 획득하였고, 대부분 10년 분할 상환조건으로, 시장가격의 4분의 1 수준으로 특혜불하 받았다.

3) 원조에 의한 대미의존 경제체제 구축

일본경제와의 단절로 8.15후 및 한국전쟁으로 인한 파괴, 미국원조 의존 등 대미의존 경제체제가 구축되었다. 한국전쟁은 경제적 하부구조를 파괴시킴과 동시에 계급관계를 자본가들에게 결정적으로 유리하게 만들었다. 내전과 분단, 미국 군사원조, 경제 원조를 매개로 대미 종속적 체제의 구축 촉진하였다.

미국원조의 영향은 첫째, 한국의 경제, 정치, 군사는 결정적으로 미국에 의존, 둘째, 잉여농산물 도입에 의해서 한국농업을 피폐로 몰아넣음, 셋째, 원조는 한국의 공업 구조를 소비재 중심의 대외 의존적 구조로 만듦, 넷째, 무역면에서도 대미, 대일 종속적 구조 형성 다섯째, 정치권력과 결탁 특정인에게 특혜 배분. 즉 매판적 관료 독점적 재벌 형성 등이다.

이러한 기회들을 이용 1950년대에 재벌이라 불리는 기업그룹이 10여개 이상 형성되었다. 한국자본주의는 매판적, 관료 독점적, 기생적인 성격을 띠었다.

1950년대 주요재벌

- 태창(백낙승) : 귀속기업체 태창방직을 불하
- 삼양(김성수) : 일제하 경성방직 설립, 만주국총영사 역임. 52년에 모방으로 사업 확장. 53년 제당 및 무역업의 삼양사 설립
- 화신(박흥식) : 일제하 백화점, 부동산 무역업으로 부를 축적, 해방 후 흥한 방직을 불하받음.
- 삼호(정재호) : 삼호방직 설립, 대전방직, 조선방직 등을 인수. 중화학공업으로 전환 실패하여 지위 하락함
- 개풍(이정림) : 개풍상사 설립 무역업에 종사, 문경시멘트공장 인수하여 대한양회 설립
- 대한(설경동) : 대한전선 불하받음. 대한방직과 대한제당 설립(자유당 재정부장 역임)
- 금성(김성곤) : 귀속재산불하로 안양에 금성방직 설립, 시멘트업체 설립
- 한국유리(최태섭) : 귀속기업체 불하
- 천우사(전택부) : 대성목재 인수, 1970년대에 부실기업으로 정리
- 전방(김용주) : 신한제분 설립
- 한국생사(김지태)
- 락희(구인회) : 플라스틱공장설립(1951), 반도상사 설립(1953)
- 삼성(이병철) : 대구에서 삼성상회와 조선양조 등을 운영하다가 1947년 무역업체인 삼성물산공사를 설립하면서 서울에 진출. 1953년 제일제당 설립(FAO자금), 1954년 제일모직 설립(UNKRA자금과 정부보유분으로 배정), 1958년 제분분야에도 진출, 민간은행 주식을 불하받음.
- 현대(정주영) : 1947년 현대토건사를 만들면서 오늘날의 터전을 마련했다.
- 이외에 귀속재산을 불하하여 등장한 신흥기업들 : 선경, 대한중기, 동일방직, 한국화약, 동양맥주, 쌍용, 동양맥주, 해태, 동양방직 등

우리나라가 1945년부터 1999년까지 방아들인 무상원조는 규모는 139억 7,600만 달러로 이중 정부 간 협력을 통해 이뤄진 공적개발원조(official development assistance ODA[4])는 127억 7,600만 달러이고 시민단체(NGO)를 통해서 12억 달러를 받았다. 차관 형태로 제공된 비양허성 원조는 무상원조의 두 배를 넘어선 311억 9,600만 달러였다.

국제 사회의 원조는 해방과 동시에 시작되어 해방직후부터 정부수립까지 3년간 미군이 지원했다. 한국전쟁 이후엔 긴급구호 원조와 폐허 복구 및 경제재건을 위한 원조가 이뤄졌다. 전쟁 이후 1960년까지 한국을 원조한 것은 유엔이었다.

1960년대부터 원조의 패러다임이 변했다. '먹을거리' 원조에서 개발을 위한 '씨앗' 원조로 바뀌었다. 이른바 '개발연대'라고 지칭되는 이 시기에 정부는 1차부터 7차에 이르는 5개년 단위의 경제개발 계획을 수립해 성장·개발 전략을 펴나갔다. ODA는 소중한 종잣돈이었다. 원조의 형태는 전기 공급부터 소비재나 자본재 공여, 기술과 자본 제공, 전문 용역, 교육, 자원봉사까지 다양했다.

국가별로는 미국이 최고의 원조공여국으로 미국이 국제기구를 거치지 않고 직접 한국에 지원한 금액만 55억 4,200만 달러로 127억 7,600만 달러의 43%를 차지한다. 일본(50억 5,200만 달러), 독일(8억 3,500만 달러) 순이다.

---

4) 개발도상국의 경제발전·사회발전·복지증진 등을 주목적으로 하는 원조로, 공적개발원조라고도 한다. 원조는 증여, 차관, 기술원조 등의 형태로 제공되며 높은 금리가 적용되는 민간원조보다 조건이 좋기 때문에 원조를 받는 쪽에서 유리하다. 경제협력개발기구(OECD)의 회원국에서는 국민총생산(GNP)의 0.31%에 육박하는 600억 달러 규모의 ODA를 공여하고 있으며, 국제연합(UN)에서는 일정한 시점까지 원조를 0.7%로 증대하기로 결의하였다. 우리나라에서는 개발도상국에 대한 양허성차관을 지원하기 위해 정부에서 출연하여 한국수출입은행에 대외경제협력기금(EDCF)을 설치하고 유상협력을 집행하고 있으며, 1991년에 외교통상부 산하기관으로 설립된 한국국제협력단(KOICA)을 통해 무상협력사업 또한 진행하고 있다.

〈표 10-1〉 시대별로 본 한국의 대외원조

구분	주요내용
미군정 원조기(45~48)	미국의 '점평지역원조' 형식으로 원조 받음
전후복구, 재건기(49~60)	UN의 전후복구와 미국의 상호방위·경제안정 중심의 무상원조 받음
경제개발 전기(61~75)	• 본격적인 경제개발을 위한 원조 • 미국, 독일, 일본 아시아개발은행(ADB), 국제개발협회(IDA)등 개별국가 및 국제기구로부터 다양한 원조 받음 • 1975년 소득수준이 IDA의 개발원조 차관지원 기준(1인당 GNP 520달러) 넘어서면서 IDA 졸업
경제개발 후기(76~90)	• 1976년 미국의 무상원조 졸업 • 개발원조 의존도 줄이고 개발차관 중심의 협력자금 도입 • 국제개발기구로부터 대규모 개발차관, 구조조정차관 등 도입
수원국 → 공여국으로 원조 전환기(91~99)	• 1991년 유엔개발계획(UNDP) 한국을 기술원조 순공여국으로 인정 • 1991년 본격적인 개발원조 공여 착수(코이카 설립)

자료 : 중앙일보, 뉴스클립, 2011. 7. 18자 발췌

2. 수출주도 공업화 과정

1) 압축 성장 모델의 성립배경

5.16쿠데타를 성공한 박정희 정권은 압축 성장 모델로 국가 근대화에 커다란 업적을 남겼다. 이러한 성립배경을 살펴보면 다음과 같다.

첫째, 1960, 70년대 당시의 대외적 조건이 후진국의 수출 지향적 공업화정책 수행에 특별히 유리하였다.

둘째, 국내적으로는 농지개혁에 의한 지주계급의 몰락과 자본가계급의 육성

촉진, 다수 농민의 자작농화, 그리고 한국전쟁에 따른 노동자 농민의 권리억압과 희생이 압축 성장 모델에 의한 고도성장에 유리한 조건을 조성되었다.

셋째, 한국전쟁은 자본주의 발전에 유리한 계급역학관계를 결정적으로 조성하였다.

넷째, 하루를 내다볼 수 없는 상태에서 먹고사는 것이 가장 중요한 시기이므로 이를 해결해준다면 무엇이든지 할 수 있다는 국민적 공감대가 형성되었다.

2) 압축성장의 내용

(1) 국가주도

박정희 정권은 압축적 고도성장을 통하여 국가주도에 의한 후진국형 산업혁명을 꿈꾸었다. 이를 위해 각종의 통제, 정부에 의한 자금배분, 공산품에 대한 정부의 직접적인 가격규제, 신규사업자의 시장진입 제한, 수입규제 등 경제통제가 확대하였다.

(2) 요소투입 극대화에 의한 성장

모든 요소투입을 극대화시키기 위한 정책을 집결하였다. 특히 독재정권의 유지가 이를 극대화시킬 수 있었다.

(3) 외자 도입, 수출지향

정부는 장기투자에 대한 자금을 조달하고 국제수지의 위기에서 벗어나기 위해 외채를 도입하였다. 차관도입액은 GNP의 5%를 상회할 정도 이었다. 수출입의존도는 1962년 18.1%에서 1970년 34.3%, 1975년 59%, 1980년 65.6%로 급상승하였다. 1985년경까지 만성적인 무역수지 적자에서 벗어나지 못하였다. 1970년대에 들어와 박 정권은 외국자본 도입형태로서 차관원리금 상환부담이 없는 외국인 직접투자를 추가하여 외채위기를 완화시키며, 중화학공업화를 통하여 생산력을 발전시키고 국제 분업체제의 변화에 대처하였다.

〈표 10-2〉 **수출입의존도 추이**

구 분	1962	1966	1970	1975	1980	1985	1990	1993
수출의존도	2.2	6.8	11.1	24.3	28.9	33.2	25.8	25.0
수입의존도	15.9	19.1	23.3	34.8	36.8	34.2	27.7	25.0
수출입의존도	18.1	25.9	34.3	59.0	65.6	67.4	53.6	50.5

자료 : 한국은행, 『경제통계연보』, 『한국의 국민소득』, 각년도판.

(4) 정책적으로 재벌 육성

박정희 정권은 경제발전을 위하여 주도적으로 재벌을 육성하였는데, ① 산업단지를 제공하고, ② 투자자금 지원을 위해서 이자를 싸게 해주고 상환기간도 길게 해주었으며, ③ 관세 내국세에 대한 특혜도 실시, ④ 국제단위가 될 때까지 하나의 공장만 허가. 독점을 시키고 국내시장 보호, ⑤ 사회간접자본도 공업육성 면에다 우선순위를 두었고, ⑥ 기술자 특히 기능공도 정부시책으로 양성, ⑦ 대통령이 경제건설 참여 기업가와 근로자 자부심을 심어주어 사기를 진작 등 할 수 있는 모든 지원을 시행하였다.

특히, 박정희 정권시대의 정부의 시장 개입은 직접적이고 선별적이었다. 부실기업문제를 위하여 긴급구제작업으로서 1972년에 「8.3조치」를 강행하고, 사채동결(3,352억 원), 특별자금 대출(2천억 원), 산업합리화자금 대부(658억 원), 금리인하, 환율안정, 물가동결 등으로 1,028억 원의 금리부담 경감의 특혜를 주고, 그 중에서 독점자본에 혜택이 집중되기도 하였다. 8.3조치는 국가가 중간계층의 희생을 감수하더라도 경제발전을 위하여 산업독점자본의 위기를 해소하려 한 것이기도 했다. 재벌육성정책의 결과 국민경제 전체 속에서 20대재벌의 부가가치가 차지하는 비중은 1973년 7.1%, 1978년 14%로 증가하였고, 46대 재벌의 부가가치의 비중 1973년 9.8%, 1981년 24.0%로 상승하였다. 제조업에서 46대 재벌의 부가가치 비중 1973년 31.8% 78년 43.0%로 상승하였다.

(5) 정부시책에 의한 저임금 장시간노동, 저농산물가격

정부주도의 중화학공업화를 위해 저임금체제와 저농산물가격이 필수적이었다.

반노동자적인 법률들을 집중적으로 제정하고 노동법을 기업중심으로 변경하기도 하였다. 새마을운동은 마을진입로를 닦고 다리를 놓는 등 농촌에 사회간접자본을 확충하는데 기여하였다. 1970년대 말에 완성된 농어촌전기가설사업으로 가전제품이 농가에 도입되기 시작했다.

3) 압축성장모델의 성과

한국경제에 있어서 압축 성장 모델은 생산력을 발전시키고 생활수준의 향상에 크게 기여했다. 1961~1980년 간 연평균 8.5%의 경제성장을 기록하였다. 대부분의 국민들은 빈곤으로부터 벗어나게 되었다.

〈표 10-3〉 **산업별 생산구조의 변화**

(단위 : %)

연 도	1955	1965	1970	1975	1980	1983
금액(10억 원)	114.5	805.7	2,735.9	10,092.2	37,205.0	58,279.7

자료 : 한국은행, 국민소득 계정, 1984.

4) 압축성장의 한계

정치적 독재 및 경제적 독재체제(재벌체제)의 경직성은 재벌체제의 심화, 투기의 악화, 부정부패의 만연 등 자본주의적 모순을 급속히 심화시켰다. 이로 인하여 관료의 무능과 복잡한 절차, 정치인과 관료들의 부패 등도 경제통제의 부작용을 산출하였다. 즉, 경제 및 정치선진화 이전의 과도적인 현상으로 부작용이 심화되었다.

3. 시장개방과 시장경제의 강화 과정[5)]

1) 신자유주의적 축적모델로 전환 배경

1970년대 후반에는 중화학공업화에 따른 과잉중복투자가 발생하였다. 제2차 석유위기로 외채누적, 부실기업 등 경제위기가 심화되었다. 1981년에는 중화학공업의 가동률이 제조업평균가동률 88.7%에 비하여 낮은 50-60%에 불과하였다. 1979년에 들어와 YH노동자들의 신민당사 농성, 김영삼 국회의원 제명 등으로 이것이 부산마산항쟁 촉발하였고, 10월 26일에는 박정희 대통령이 중앙정보부장 김재규에게 시해당하는 사건이 발생하였다.

세계는 1929년 대공황을 계기로 선진 자본주의 국가에서는 경기조절적인 재정금융정책과 소득재분배정책을 강구하여 '케인즈적 사회복지국가'가 성립된 바 있다. 1970년대 중반부터 세계자본주의체제는 스태그플레이션과 1980년대 이후 과학기술혁명의 성과를 생산과정에 도입하고 '기능적 유연화'와 '수량적 유연화' 등을 추구하는 토요티즘적인 유연 생산체제로 전환되었다. 한국은 1990년대에 김영삼 정부의 세계화정책이 신자유주의로의 전환을 크게 촉진하였다.

— 환율조작국 선정

1988년부터 미국 재무부에서 세계 각국의 환율 개입 여부를 조사아면서, 1년에 2회 환율보고서를 발표한다. 이 보고서에서 각국의 대미 교역수지와 국내 총생산(GDP) 대비 경상수지비율을 따져서, 최근 3년간 변화, GDP 및 단기부채 대비 외환보유액 비율 등을 분석한 내용으로 환율 조작이 의심되는 국가를 지정한다. 문제는 일방적으로 미국에서 선정하는 것이다.

5) 위키 백과 내용을 중심으로 발췌하여 재정리함.

2) 신자유주의적 축적모델의 내용

신자유주의란 이윤율 저하에 직면한 선진국 독점자본의 이윤율 제고를 위한 것인데, 케인즈주의에 의한 노동자 통합적 정책을 포기하고 노골적인 반노동자적 공격이다. 신자유주의는 탈규제화(자유화), 사유화, 민영화, 유연화, 지구화에 중점을 둔다. 이를 상세히 살펴보면 다음과 같다.

(1) 기득권 세력의 강화

제5공화국 정부는 국내적으로는 경제안정화정책. 즉, 독점대자본 특혜적 지원과 민중수탈이 심화되었다. 국가개입에 의해 중화학투자조정이 시도, 78개 부실기업 정리과정에서 총 19조원에 이르는 천문학적 규모의 비용이 지원, 막대한 특혜와 함께 독점재벌들에게 인수됨으로써 특정재벌이 독점적 지위 확보, 1996년 말의 노동법 안기부법 개악파동은 기득권세력의 수구적 행태, 노동문제의 심화 등 발생하였다.

한편, 제5공화국 하에서 인플레이션 억제의 방법으로는 임금동결, 수매가동결을 시책으로 사용하였다. 이를 통하여 농산물시장개방과 농업의 피폐를 가져다주었다. 즉, 저농산물가격 실현의 주요방법은 추곡수매가 동결과 외국농산물 도입 등이다. 또 농가부채 누적의 주요 원인이 발생했는데 90년대에 들어와 농산물수입개방 확대, 상층농 중심의 농업구조개선 등 신 농정은 더욱 국제수지 적자확대를 심화시켜서 외환위기 초래를 일조하였다.

(2) 재벌 강화와 부동산가격폭등

첫째, 재벌체제의 강화이다. 재벌의 경제력 집중에 대한 규제가 완화하였고, 여신관리정책에서는 과잉중복투자심화 및 재벌지배강화현상을 촉발했다.

재벌의 경제지배 심화는 ① 재벌체제는 과도한 다각화를 촉진함으로써 자원의 효율적 분배를 저해함, ② 총수중심 경영체제로는 세계적 경쟁 강화 속에서 요구되는 전문성이 취약함, ③ 재벌체제는 중소기업 경영 악화요인으로 작용함, ④ 재벌체제는 경제 위기를 심화시킨 주요 원인이됨, ⑤ 재벌체제는 정경유착을 구조화로 비자금조성 및 부패만연을 가져다주었다.

둘째, 토지가격의 과다한 상승이다. 1980년대 말에 지가가 폭등하였다. 1995년 1월 현재 공시지가 남한의 총지가 GNP(94년)의 5.4배, 미국의 지가 총액은 GNP의 0.6배, 영국이 2배 정도, 일본의 경우 1988년에 4.8배를 정점으로 거품이 붕괴되어 현재 3.5배 수준까지 내려간 바 있다. 토지소유도 편중되어서 1993년 현재 상위 1%가 27.9%의 토지를, 상위 5%가 50.6%의 토지를 보유하였다. 1994년도 도시근로자가구의 주거비 부담은 소비지출액의 21.9%(외국 7-13%)로 매우 높은 상태를 유지하고 있다.

(3) 대외 개방의 확대

1980년대 후반부터 경제개방의 대폭적인 확대가 이루어졌다. 1990년대에부터는 자본자유화조치가 본격적으로 추진되었다. 1997년 들어와 외국인 주식순매도가 8월 952억 원, 9월 2,983억 원, 10월 3,928억 원으로 불어나면서 외환보유고 감소, 환율 급등, 국제적 투기자본의 이동이 생기면서 외환위기를 가져다주었다. 특히, 해외투자의 동기는 국내임금의 급격한 상승, 무역장벽 회피, 외국기술획득 등에서 촉발되어서 더욱 문제를 심화시켰다.

(4) 복지체제에 대한 미온적인 정책 성향

김영삼 정권은 정리해고제 도입 등 고용문제의 신자유주의적 해결을 지향하였다. 참고로 김대중 정권이 들어서서 IMF관리체제가 되면서 더 심화된 바 있다.

3) IMF와 한국경제의 위기

신자유주의적 축적모델은 자본주의적 모순, 즉 독점과 공황, 대량실업문제의 심화를 가져다주었다. 외환위기를 초래한 원인은 국가주도 압축 성장모델과 김영삼 정권의 신자유주의적 모델에서 찾을 수 있다.

— IMF 체제 2년 9개월만에 졸업

국제통화기금(IMF)은 2000년 8월 23일 한국 경제개혁 프로그램을 점검하는 이사회를 더 이상 열지 않겠다고 선언했다. 이것은 경제식민지에서 해방되었음을 알린 것이다.

한국은 1997년 12월 총 2백10억 달러의 구제금융을 IMF로부터 승인받아 이 가운데 1백95억달러를 인출했으나 이후 긴급 지원자금 성격의 외환보유액지원자금(SRF) 1백35억 달러를 모두 조기상환했으며, 회원국에 대한 정상적인 대출금 60억 달러만 남겨놓게 되었다.

이날 이사회에서는 올해 한국의 성장률을 8.5%로 예상하고 2001년부터는 점차 성장률이 둔화해 중기적으로 약 6~6.5%의 성장률을 보일 것으로 내다봤다.

한편, 외환보유액은 2018년 연말 4천억 달러 수준으로 사상 최고액을 기록할 것으로 보인다.

4. IMF 극복과 민주주의 성숙 단계 진입

(1) IMF 극복

IMF체제하에서의 경제위기극복은 김대중정부의 최대의 치적으로 평가되고 있다. 역대 정권 최초로 정권 기간을 종합하여 무역수지 흑자, 경상 수지 흑자를 기록했다. 5년 연속 기록한 경상수지 흑자는 906억 달러 증가했고, 연평균 증가액은 181억 1,400만 달러인데, 역대 정권 가운데 가장 좋은 기록이다. 연평균 소비자물가 상승률은 연평균 3.5%로 노무현 정부의 3.0%에 이어 2위를 기록했다.

국내총생산(GDP) 증가율은 연평균 4.5%로 노무현 정부의 4.3%보다 높았지만, 전두환 정부(8.7%), 노태우 정부(8.4%), 김영삼 정부(7.1%) 등에 비해서는 낮았다. 그러나 외환위기 직후인 1998년을 제외한 성장률은 1999년 9.5%, 2000년 8.5%, 2001년 4.0%, 2002년 7.2% 등으로 4년 평균 7.3%였다.

김대중 정부는 아직 출범하기도 전에 김영삼 정부 말년에 발생한 IMF 외환위기 사태를 해결해야 하는 숙제를 떠안게 되었다. IMF로부터 구제 금융을 받는 대가로 강도 높은 기업 구조조정 실시를 요구받았고, 국제 수준의 기업 투명성 강화와 부채비율 축소정책을 추진하여 금융, 기업, 노동, 공공 4대 분야에 일대 개혁을 단행했다. 그리하여 2001년 8월, 예상보다 3년을 앞당겨 IMF차입금을 전액 상환했다

국제통화기금(IMF)과의 자금지원 합의를 통해 취임 뒤 불과 한 달 만에 214억 달러를 도입했다. 금융기관 단기외채에 대한 만기연장과 외국환평형기금채권 발행도 성공적으로 이어지면서 환율·금리 안정을 이끌어 냈다. 신속한 구조조정을 위해 64조 원에 이르는 대규모 공적자금을 투입, 부실 금융사와 기업의 퇴출작업을 진행했다. 또한 재벌의 독과점 폐해 견제와 재무구조 건전성 강화, 순환출자 및 상호지급보증 해소 등 시장경제 규율을 확립하는 조치들도 우리나라가 IMF체제에서 4년 만에 조기 극복하는 밑거름이 되었다.

그러나 김대중 정부가 추진한 구조조정 과정은 방법과 절차적인 면에서 오늘날까지 많은 부작용을 가져온다는 비판과 함께 비리 의혹이 지워지지 않고 있다. 2001년에 IMF에게 빌린 195억 불을 전액 상환함으로써 4년여에 걸친 외환위기 사태는 막을 내렸다. 하지만 한국 전쟁 이래 최대의 국가적 위기인 외환위기 사태 이후 한국 사회는 평생직장 개념이 사라지고 명예퇴직으로 인해 수많은 중산층 가정이 몰락하는 일대 변혁을 가져오게 되었다.

(2) 부동산 정책

외환위기 극복 과정에서 부동산경기 활성화를 추진했다. 거의 모든 부동산 규제를 없애다시피 했다. 분양가 전면자율화 및 분양권 전매 허용, 양도세 한시적 면세, 민영아파트 재당첨 제한기간 폐지, 임대주택사업자 요건완화 등 다양한 정책이 잇따라 나왔고 그 결과는 부동산 투기로 이어졌다. 이러한 현상이

노무현 정부에 이어 이명박, 박근혜 정부까지 이어졌다.

(3) IT · 벤처기업 육성

IMF 사태로 침체에 빠진 경제에 활력을 불어넣기 위하여 국민의 정부는 정보 기술(IT) 관련 벤처기업을 육성하는 데 힘을 쏟았다. 이 당시 벤처 기업 활성화 대책으로 9천억 원 정도의 지원 자금이 마련되고 새로 창업하는 벤처기업에 3억 원을 지원하는 등의 정책을 발표 하였으며 1998년 '벤처특별법' 4차 개정을 통해 실험실 및 교수창업을 가능하게 하였다. 또한 창업 자본을 2,000만 원으로 낮춰 창업의 문턱을 낮추었다. 2000년에는 '벤처촉진지구'를 도입해 지방 벤처기업 육성정책을 펼치며 조세감면을 통한 창업 활성화 마련과 벤처기업의 경영환경 개선을 위한 정책도 마련하였고 9차 개정에서는 스톡옵션제를 확산시켰다. 2002년 '벤처 건전화 방안'에선 M&A활성화 정책을 구축했다. 이밖에도 코스닥시장 활성화를 위한 다양한 정책과 시장 환경개선을 위한 다양한 정책도 마련했다. 이러한 지원의 결과 1998년 말에는 2,000개 회사에 불과했던 IT 관련 기업의 숫자가 2001년 6월에는 1만개 사를 기록하였고, 벤처기업의 생산 비중은 대한민국 GDP의 3%에 달하기까지 하였다.

이러한 정책의 효과로, 경제 환란의 여파에도 불구하고 중소기업의 성장 기여율은 대기업에 비해 계속해서 높았던 점을 들 수 있다. 연쇄부도와 최악의 유동성 악화를 보였던 대기업은 강력한 구조조정 추진으로 고용성장 기여율이 마이너스를 보인 반면 중소기업은 고용성장 기여율이 큰 폭으로 늘어났다. 또한 육성 정책이 시행된 국민의 정부 5년 동안, 초고속 인터넷 가입자 수가 1998년 1만4천 명에서 2002년 1,040만 명으로 급증하고, 정보 산업 분야의 총 생산액도 1998년 76조 원에서 2002년 189조 원으로 증가하여 국내 총생산의 14.9%로 확대되는 등 정보 기술 산업 전체를 활성화시켰다. 이에 대해 인터넷 관련 기업의 모임인 한국인터넷기업협회는 이 정책이 지식정보화 강국으로 도약하는 토대를 놓았고 벤처산업을 육성하여, 인터넷 산업이 오늘날 한국 경제의 한 축이 되는 기틀을 다졌다."고 밝혔다.

그러나 벤처기업에 대한 지원이 계속되면서, "벤처 대박"신화에 휩쓸린 투자자들이 일확천금을 꿈꾸고 과도한 투자를 하게 되어, 후반기에는 거품이 생기게 된다. 거품이 꺼지면서 많은 벤처기업의 몰락과 더불어 이명박 정부 이후에는 사회복지, IT와 벤처기업 육성을 홀대하고 4대강사업에 집중 투자하여 문재인 정부까지 이어지면서 심각한 문제를 제기하고 있다.

(4) 신용카드 활성화

또한 소비 활성화와 내수진작 정책을 펼쳤지만, 신용카드 산업의 무분별한 확장을 효과적으로 막지 못해 그 후에 일가족 자살 사건 등으로 상징되는 카드대란 사태가 발생하는 계기를 제공하였다. 신용카드 규제를 무제한으로 풀어버린 탓에 과잉 소비가 초래됐고 이는 가계 파탄의 주범이 됐다. 신용카드사업에 대한 활성화정책은 당시 경제를 진작시키기 위한 방안이었다고는 하지만 그 진행을 효과적으로 조정하지 못하여 후일 카드 때문에 개인경제가 큰 타격을 입는 사태가 벌어졌다. 카드대란은 카드를 제대로 사용하지 못한 개인 당사자에게 1차적 책임을 물어야 할 문제이기는 하나, 발급능력이 없는 개인에게까지 무분별하게 카드를 발급을 규제하지 못한 것은 실책으로 평가된다.

(5) 사회복지

여성부와 국가인권위원회는 2001년 1월 29일 정부조직법 개편에 따라 신설되었다. 여성부는 여성의 인권을 크게 증진하였으며 또한 국가인권위원회는 사회적 약자들의 권리를 지켜주었다. 복지 분야에서는 국민연금 적용 대상이 전국민으로 확대(1999년)되었고, 국민기초생활보장제도가 도입(2000년)되었다. 2001년에는 국가인권위원회 법을 공포하였다. 그러나 이명박, 박근혜 정부시절 사회복지에 대한 투자가 미흡했으나, 문재인 정부에 들어서서 꾸준히 비중이 높아지고 있다.

5. 한국경제 발전 과제

2010년이 들어서면서 신자유주의 정책이 득세를 하였다. 보수정권인 이명박 정부와 박근혜 정부는 부유층과 대기업 중심의 세제개편을 통하여 소비촉진을 꾀하고 경제성장을 꾀하였다. 특히 4대강사업 이후 대기업위주의 정책으로 빈익빈 부익부현상이 심화되었다. 이러한 문제는 촛불혁명으로 일컬어지는 박근혜 정부 퇴진운동으로 번졌다. 최순실이라는 사적인 조직을 통해서 국정농단이 일어났고, 이러한 일들이 여러 가지 적폐를 낳았다. 이러한 적폐를 해소하기 위하여 등장한 정부가 문재인 정부이다.

2017년 등장한 문재인 정부는 이명박과 박근혜정부이 지향한 대기업과 상류층중심의 정책을 대변하는 신자유주의 정책을 포기하고 수정자본주의적인 성향을 가지 유럽형 복지정책이나 중산층이하 및 중소기업 우선정책으로 전환하였다. 이러한 과정에서 빈익빈 부익부 현상을 축소시키고 국민의 삶의 질을 향상시키고자 노력했다. 특히, 남북 교역을 통하여 경제돌파구를 찾고자 제3차 남북 정상회담을 개최하고 주변국과 협조하여 한반도 비핵화를 통하여 한반도 번영을 실현하고자 노력하고 있다.

제3절 한국 경제성장 및 발전의 이론

1. 한국의 경제성장

한국경제의 성장은 부존자원이 부족하고 자본도 부족한 열악한 상태에서 급속한 성장을 이루었다. 그러한 이유는 양질의 노동력을 밑바탕으로 성장하였다. 이에 대한 내용을 설명하면 다음과 같다.

1) 실질GNP

시장가격으로 평가한 명목GNP(국민총생산)를 실질적인 가치로 고치기 위해 기준연도로부터의 물가상승을 참작한 디플레이터로 수정한 것이 실질 GNP이다.

즉, 1인당 실질GNP(real gross national product)가 증가하는 것이 경제성장이다. 한편, 정부는 이러한 GNP 등의 경제전망을 토대로 예산이나 경기정책 및 재정금융정책을 정한다.

2) 경제성장의 2대 요인

경제성장의 2대 조건은 ① 자본노동천연자원 등 생산요소 부족량의 증가 ② 기술진보이다.

3) 후진국의 기본 애로요인(저자본저축) 해소방안

세 가지로 나누어 설명할 수 있는데, ① 자발적인 국민저축 ② 잠재실업의 생산 인구화 ③ 외자도입 등이다.

[쿠츠네츠(Kuzets)의 근대 경제 성장의 특징]

① 높은 1 인당 실질GNP와 인구의 증가율
② 높은 요소생산성의 증가율
③ 높은 경제구조의 전환율
④ 사회 · 정치 · 이념상의 높은 전환율
⑤ 두드러지는 대외진출 경향
⑥ 세계적으로 제한된 성장

[헤로드-도마(Harrod-Domar) 모형과 솔로우의 신고전파적 성장모형]

- 성장의 정형화된 사실을 설명하기 위한 본격적인 시도
- 균형 성장 조건은 저축률 = 자연성장률 × 자본계수 = (인구증가율 + 기술진보율) × 자본계수 임. 이 균형 성장 조건을 이용하여 성장의 정형화된 사실들을 설명함.

2. 두 가지 성장이론

균형성장과 불균형성장 중 어느 쪽이 합리적인 전략이냐 이것은 경제사정에 따라 좌우된다. 이를 자세히 설명하면 다음과 같다.

1) 균형성장론(Balanced Growth Theory)

넉시(Ragnar Nurkse)에 의하면 후진국은 수요와 공급의 양면에서 빈곤의 악순환이다. 즉, 수요면에서 빈곤의 악순환은 저소득 → 작은 시장 → 낮은 자본수요 → 저생산 → 저소득으로 순환되고, 공급면에서 빈곤의 악순환은 저소득 → 저저축 → 낮은 자본저축 → 저생산 → 저소득으로 이어지는 것이다

넉시(Ragnar Nurkse)는 빈곤의 악순환을 낳는 핵심적인 고리는 작은 시장이라고 보는 입장에서 경제의 모든 부문을 고르게 성장시켜 전체적인 시장의 확대를 도모해야 한다고 주장. 이러한 개발이론을 균형성장론이라 한다.

2) 불균형성장론(theory of unbalanced growth)

허쉬만(Albert O. Hirschman)은 자본부족에 허덕이는 후진국은 몇몇 전략산업에 집중 투자하여 전후방연관효과를 통한 역동적인 경제개발을 추진해야 한다고 주장한다. 이러한 개발이론을 불균형성장론이라 한다.

3. 후진국의 기본 애로요인(저 자본 저축) 해소방안

세 가지로 나누어 설명하면 다음과 같다. ① 자발적인 국민저축이다, ② 잠재실업의 생산 인구화이다. 즉, 잠재실업이란 노동의 한계생산물이 0이거나 0에 가까운 농촌인구로서 사실상 실업상태에 있지만 농업이 가족노동에 의해 경영되고 있기 때문에 표면적으로는 실업자로 노출되지 않은 상태이다. 넉시(Ragnar Nurkse)에 의하면 잠재실업을 이용한 자본축적은 생산에는 기여하지 않으면서 소비에는 참여하고 있는 잠재실업자를 농촌으로부터 도시의 비농업부문으로 이동시켜 농촌에서 소비하는 잠재실업자의 소비액만큼을 저축화함으로써 이루어진다고 보았다. 한편 루이스에 의하면 잠재실업으로 인한 무한노동 공급하에서 자본축적은 상대적으로 늘어나는 자본소득과 이윤에 의해 이루어진다고 보았다. ③ 외자도입이다. 우리나라의 자본축적은 루이스의 잠재실업이론과 적극적인 외자도입정책이다.

여기에서 외자도입 효과는 두 가지로 볼 수 있는데, 긍정적인 효과로 소득·고용효과, 개발효과, 국제수지효과 등이 있다. 부정적인 효과로는 경제의 대외의존효과, 원리금상환부담효과, 국민저축위축효과 등이 있다.

— 70년대 석유파동과 중화학 공업

1. 중화학공업 선언

1973년 1월 12일 박정희 전 대통령은 연두기자회견에서 중화학공업선언을 발표

1) 중화학공업선언 배경

- 당시 북한의 무력도발에 대응하려면 무기 국산화를 위한 중화학 위주의 공업이 절실
- 또 선진화된 일본 경제를 따라잡는 데 경공업 체제로는 한계
- 수출 드라이브 덕택에 경제성장률은 목표치를 초과했지만 실질적 경제

체질 허약

2) 신흥 공업국가로 경제구조 전환의 문제들

- 경공업에서 중화학공업으로 이행하는 단계가 너무 빨랐고
- 산업 기반은 아직 취약
- 대규모 자본과 첨단기술을 요구하는 중화학공업에서 한국의 비교우위는 값싸고 우수한 노동력뿐
- 경제기획원의 관료들조차 당시 경제실정에서 중화학공업의 본격 육성은 무모하다는 생각2. 석유파동 발생

1) 1차 석유파동

- 1973년 10월 17일 석유수출기구(OPEC)는 제4차 중동전을 계기로 원유생산량을 줄이고 가격을 두 배 이상 인상; 1차 오일쇼크
- 서방세계는 처음 겪는 에너지 위기로 파탄직전에 도달
- 값싼 석유에 의존해온 세계 경제의 고도성장은 한계
- 유신독재 합리화 등 위해 무리하게 진행
- 갑자기 폭등한 기름 값으로 소비자 물가는 폭등했고 경제성장률도 저하
- 도매물가지수는 1973년 19.3%, 1974년 27.4%, 1975년 34.6%로 치솟았다. 14%까지 치솟던 경제성장률은 8.5%로 곤두박질
- 중화학공업분야 과잉 투자 논란 발생

2) 2차 석유파동 이후

- 공장자동화 바람 일어
- 2차 파동으로 1980년 마이너스 4.8% 경제성장
- 사회 혼란 가중으로 10.26사태 빌미 제공

— 국가를 초월한 기준과 합의를 뜻하는 '글로벌 스탠더드'

'글로벌'(global)이라는 표현은 개별국가 차원에서 해결할 수 없는 지구환경, 빈곤, 그리고 빈부격차와 같은 새로운 문제들이 나타나면서 1990년대 중반 이후 자주 등장한 개념. 개별국가의 차원을 넘어 전 지구상의 국가들이 함께 해결해야할 문제들에 대한 인식을 공유한다는 의미를 담고 있는 표현입니다. 따라서 '글로벌 스탠더드'(global standard)는 이러한 범지구 차원의 문제 해결에 필요한 기본원칙에 대한 국가를 초월한 기준과 합의임.

글로벌 스탠더드는 여러 분야에서 범지구 차원의 문제 해결을 위해 다양한 형태로 논의되고 있음. 예를 들어, 기업 활동의 투명성을 높이기 위한 주주의 주주권을 강화하고, 주주자본에 대해서 이익을 보장해 주는 제도들이 글로벌 스탠더드에 부합되는 것으로 인식되고 있음. 뿐만 아니라, 기업의 회계기준과 의사결정의 투명성을 높이는 일도 미래지향적인 글로벌 스탠더드로 받아들여지고 있음. 이를 위해 경제협력발기구(OECD)는 1999년 초 '기업지배구조 기본원칙'을 마련한 바 있음. 이 모든 조치들은 결국 기업의 투명성과 생산성 강화를 통한 기업 활동의 증대가 인류의 공동번영에 중요하다는 인식에 기초하고 있음.

금융산업의 경우, 국제결제은행(BIS)이 정하는 금융기관의 '자기자본비율'과 '국제공시기준' 등은 금융거래에 있어서의 공정성과 투명성의 기준을 설정함으로써 금융산업발전을 통한 세계경제의 안정과 성장을 도모하고자 하는 글로벌 스탠더드임. 우리나라는 90년대 말 외환위기 이후 지금까지도 글로벌 스탠더드를 수용하기 위한 힘겨운 구조조정 과정을 경험함. 그 과정에서 많은 기업과 금융기관들이 퇴출됐고, 국민들은 뼈아픈 고통의 시간을 보냄.

글로벌 스탠다드는 투명성, 생산성 그리고 합리성을 기본원칙으로 하고 있기 때문에 경제활동에서의 경쟁심화가 불가피함. 종업원 1인당 매출액, 기술표준, 그리고 제도의 투명성 등이 글로벌 스탠더드를 평가하는 실질적 기준이 되고 있음.

Chapter 11

디지털경제와 유통

Chapter

11 디지털경제와 유통

제1절 전자상거래의 개관

1. 전자상거래 개념

전자상거래(Electronic Commerce)는 전자적 공간상에서 전자장치를 이용하여 이루어지는 거래행위인데, 넓은 의미의 기업이나 소비자가 컴퓨터 통신망상에서 행하는 광고, 발주, 상품과 서비스의 구매 등 모든 경제 활동을 뜻한다. 이는 CALS(Commerce At Light Speed), EDI(electronic data interchange), CB(cyber business)의 세 가지 개념이 포괄적으로 정의될 수 있다. 그러나 흔히 말하는 전자상거래란 인터넷을 통해 소비자와 기업이 상품과 서비스를 사고파는 협의의 개념을 의미한다.

원래 전자상거래는 1989년 미국의 국립 로렌스 리버모어 연구소(Lawrence Livermore National Laboratory)에서 미국 국방성의 프로젝트를 수행하면서 처음 사용된 개념이다. 전자 상거래에 대한 정의는 텍사스 오스틴 대학의 윈스톤(kalakota & Whinston) 교수에 따르면 "네트워크를 통한 상품의 구매와 판매행위"로 정의될 수 있다. 전자 상거래는 쇼핑, 금융 등 인터넷 가상공간을 통해 시간적, 공간적 한계를 뛰어 넘어 실현되기 때문에 실물 위주의 경제 체제에 혁명적 변화를 불러 올 것이다. 자주 사용되는 용어인 쇼핑몰은 다른 사람과 상호 작용할 수 있는 상점이라는 의미이다. 즉 거리를 걸어 다니면서 가계의 상품을 보는 개념을 인터넷에 적용하고자 하는 것이다.

결국 전자상거래는 상거래 차원에서 접근한다면, 오프라인 상거래를 대별하는 온라인 상거래라고 생각하면 이해가 빠를 것이다. 즉, 기업의 입장에서 본다면, 온라인 유통업과 오프라인 유통업의 개념 중에 온라인 유통업의 개념이다. 이를 유통학에서는 전통상거래와 대비되는 신개념으로 전자상거래라고 칭한다.[1].

2. 전자상거래시대 변화의 물결

생산과 소비를 연결하고 자원의 최적분배를 통한 국민생활을 향상시키는 유통의 기본기능은 불변이다. 유통환경의 변화에 따라, 유통기능을 실제로 담당하는 수단으로서의 거래형태, 판매형태 등은 변화한다. 정보처리 기술의 발달에 따른 유통경로상의 다양한 변화, 오랜 시간동안 구축되어 온 기존 유통 채널의 퇴조, 종합슈퍼, 편의점, 카탈로그 판매, 방문 판매, 다이렉트(network 포함) 마케팅 등 신업태의 성장 출현, 대량, 다량의 개념에서 소비의 개별화 강조, 택배(door to door delivery)로 대표되는 물류시스템의 혁신, 시장 환경의 변화에 부응하기 위한 기업들의 다양한 전략 등이 이러한 물결을 일으킨다.

---

1) 윤명길, 김유오(2017), *유통학원론*(제2판), 서울: 도서출판 두남 참조.

제2절 전자상거래의 융합 사례

1. 까르푸의 E-Marketplace 구축사례; 세계 유통업계 구조변화

1) 선진 소매 기업 내부 환경

선진국 소매유통 system을 완성하고 성숙단계에 접어들었다. 따라서 점포, 전산, 물류, 마케팅 등의 구축과 대규모 자본을 축적한 상태이다.

2) 선진국 지역의 한계

지역 망에는 점포가 출점하기에는 포화상태에 이르러서 새로운 시장이 필요한 시점이다. 즉, 전국 망 대형화가 완성되었고, 지역 및 국가 시장 지배력을 확보한 상태이다. 따라서 역내 성장의 한계에 봉착했다고 할 수 있으며, 지역기반 ROI(return on investment)성장이 한계에 다다르고 있다.

3) WTO이후 변화

시장 개방으로 제조, 서비스, 유통산업의 동반 진출이 가능해지고 글로벌 유통업계 구조변화의 물결에 뒤지면 기업의 지속적인 성장을 보장할 수 없고 시장 지배력, 경쟁력 강화 등에서 뒤쳐질 수 밖에 없는 것이 현실이다. 특히, B2B에 의한 글로벌 유통업계 구조 변화는 매우 중요시 되어 가고 있다.

4) 까르푸의 E-Marketplace 구축 결과

수익성 제고 및 경쟁업체와의 상호 협력 시스템구축이 중요한 사항이므로 이러한 노력이 유통업체 등에서 필요로 하고 있다. 대표적인 실례로 까르푸는 글로벌 소싱을 통하여 홈데코 상품에 대한 구매공고를 통하여 4시간 30분 동안 총이익의 13.2% 증가할 수 있는 효과(offers made during 4:30 hours, delivering a total gain of 13.2%)의 성과를 거두었다.

이러한 사실이 E-Marketplace 구축의 필요성을 더욱 요구하는 것이다.

제3절 전자상거래의 유형

1. 판매유형

1) 유통업형

직매입 및 특정매입형태로 상품을 매입하여 판매하는 형태로 소비자에게 배송과 사후 서비스까지 책임지는 판매유형이다. 아마존(Amazon)이나 쿠팡(Coupang) 등이 대표적이다.

2) 중개형

상품을 매입하지 않고 단순히 중개기능만을 담당하고, 판매된 상품에 대한 일정액의 수수료나 임대료를 징구하고, 배송과 A/S를 벤더 등에게 책임지게 하는 판매유형이다. 알리바바(Alibaba), 구글(Google)이나 이베이(eBay) 등 플랫폼기업[2] 형태가 대표적이다.

---

2) 사전적 용어로 기차역의 승강장 또는 무대・강단을 뜻하는데, 여기 플랫폼 기업에서의 'Platform'은 IT용어로써 '판매자와 구매자 양쪽을 하나의 장으로 끌어들여 새로운 가치를 창출'을 의미한다. 예를 들면, 옥션 사업자 그리고 개발자들은 '옥션'이라는 웹사이트(환경)을 제공하면 그 안에 있는 컨텐츠(가치)들은 여러 사람들이 웹사이트를 이용을 하면서 만들어낸다는 것이다. 따라서 광의로 전자상거래, 즉 중개형 인터넷쇼핑몰이나 SNS 등도 여기에 포함한다.

3) 직판형

상품을 직접 생산하여 판매하는 유형으로 제조업체나 농어민, cyber 대학을 운영하는 cyber school 등이 이 유형에 포함된다.

〈표 11-1〉 **판매유형 설명**

구 분	주요 내용
유통업형	• 직매입/특정매입형태로 상품을 매입하여 판매 • 소비자에게 배송과 사후 서비스까지 책임지는 판매유형
중개형	• 상품을 매입하지 않고 단순히 중개 기능만을 담당 • 판매된 상품에 대한 일정액의 수수료나 임대료 징구 • 배송과 A/S를 벤더 등에게 책임지게 하는 판매유형
직판형	• 상품을 직접 생산하여 판매하는 유형 • 제조업체나 농어민, cyber 대학을 운영하는 cyber school 등이 이 유형에 포함

2. 택배유형

택배유형은 1) 직배송형 2) 간접배송형 3) 혼합배송형 4) 공동배송형 등이 있다. 이를 살펴보면 <표 11-2>와 같다.

〈표 11-2〉 **택배유형 설명**

택배유형	배송 단계	판매 유형
직배송형	상품주문 → 쇼핑몰 → 수취인	전문유통업형, 종합유통업형, 직판형
간접배송형	상품주문 → 쇼핑몰 → 납품업체 → 수취인	전문중개형, 종합중개형
혼합배송형	상품주문 → 쇼핑몰 → 수취인 상품주문 → 쇼핑몰 → 납품업체 → 수취인	종합중개형(일부), 유통업형(일부)
공동배송형	상품주문 → 각 쇼핑몰 → 공동배송 → 수취인	종합중개형(일부)

제4절 미래의 전자상거래

1. 기업의 허와 실

블루마운틴아트(blue mountain arts)사는 부부가 운영하는 온라인 감사 편지회사이다. 익사이트앳홈(Exite@home)사에 7억 8천만 달러에 매각(1999년)하고, 현재는 현업에서 은퇴한 후 인생을 즐기고 있다.

"1999년 연말 쇼핑시즌 아마존은 텔레비전 광고비로 1개월간 2천만 불 투자하고 1천2백만 불 매출을 올렸다".

그런데 순현재가치(net present value: NPV)의 모델의 유용성이 있는지, 매출 1건당 1달러 손실발생하는데 의미가 있는 것인지, 이와 같은 고객획득 비용의 무리한 지출(1건당 100불 이상)이 과연 유효한 전략인지를 의문시 할 수 있다. 그러나 아직 ROI를 대체할 합리적인 유용한 척도가 없다는 점이다.

한편, ROI의 증진모델 6가지가 있다. 6가지 증진모델을 통하여 온라인 기업들은 투자수익률을 올리는데, 6가지를 전부 구현하기 보다는 1개 내지 몇 개의 모델을 활용한다.

이를 살펴보면

1) 브랜드 알리기: 자산 가치 결정 주요요인, 따라서 시장점유율과 방문 수 증대에 힘씀
2) 수요창출: 소규모비용으로 카탈로그, 우편발송비 절감. 특히 통산판매업에 유리
3) 온라인판매(전자상거래): 중소업체가 틈새시장으로 고객에 쉽게 접근 ROI 증대
4) 고객지원: F&Q, 채팅, 자동 이메일 응답시스템 활용
5) 시장조사: 설문이나 정보제공자에게 응분의 보상이 필요
6) 콘텐츠서비스: 방문자수 확보도 그렇지만, 수익모델을 만드는 것이 중요

하다.

2. 전자상거래기업의 초기특성

1) 수익측면

수익창출불가하다는 특징이 있다. 비즈니스 초기 이용자수 확보나 브랜드 이미지 개선에 주력, 확실한 수익기반 없다. 이용자수/브랜드이미지가 어느 선에 다다르면 막강한 수익 창출 가능하다(비즈니스 초기에는 수익창출 불가).

2) 비용 측면

시장선점을 위한 대규모 초기투자 및 광고홍보 불가피하다는 점이다. 최초 성공기업이 시장을 선점하고 독점적 지위를 유지한다. 시간, 공간의 개념이 사라진 인터넷 공간에서는 후발기업의 성공 확률은 극히 희박하다. 따라서 선점 우위 확보를 위한 마케팅 비용의 투자가 인터넷 필수요구 사항이다(비즈니스 초기에는 대규모 비용집행).

수익성 문제에 대한 아마존(Amazon)의 베조스(Jeff Bezos) 회장은 “우리는 고객들에게 우리를 알리는 일에 초점을 맞추고 있다. 지금 당장 그 밖의 다른 일을 하기로 한다면 그것은 경영상 잘못된 결정을 내린 것이다. 창립 4년밖에 안된 기업이 사업성과를 수확하는 단계가 아닌 사업에 투자하는 단계에 있다는 것은 전혀 이상할 것이 없다. 정말 이상한 것은 그런 기업들에 대해서도 공개적으로 거래가 이루어지고 있다는 것이다”(자료 : 리드북, 아마존의 성공비결)라고 주장한 바 있다.

3) 최초 성공기업의 긍정적 도미노 효과

새로운 인터넷 상품 또는 서비스(X)가 시장에 성공적으로 등장 → 인터넷

비즈니스의 성공사례로 보도 → 인터넷 이용자 급증 높아진 브랜드 인지도와 급격한 사용자의증가로 기업가치가 증가 → 유능한 인재와 투자자들이 투자러시 또한, 브랜드 이미지와 이용자가 늘어남에 따라 다른 시장의 주도자와의 제휴 및 협력 기회가 많아짐 결국 신규경쟁기업은 많은 시장 참가비용을 지불해야 하는 상황 조성, 새로운 경쟁자가 나타나지만 기존의 선점기업에 대한 충성도는 높아진 상태로 새로운 업체를 잘 이용하지 않다.

4) 수확체증의 법칙(law of increasing returns)

제품 생산시 노동 투입량을 점차 늘리면 노동 1단위당 산출량은 증가한다는 것 /노동투입량을 늘리면 단위당 산출량 증가분이 줄어드는 수확체감의 법칙의 반대 그러나 지식기반경제에서 주력산업이라 할 수 있는 정보산업, 소프트웨어산업, 문화산업, 서비스산업에서는 생산량이 증가하더라도 추가비용이 거의 들지 않는 전형적인 수확체증 특성이 보인다. 사례로 클린턴시대에 인터넷 보급과 장기호황을 구가한 미국의 경제가 있다.

5) 임계치(critical mass)를 확보한 시장점유율 1위만 살아남는 게임의 법칙 적용

초기 여러 경쟁자들은 서로 시장점유율 경쟁을 벌이는 배틀존(battle zone)에서 치열한 시장점유율 경쟁을 하게 된다. 누가 임계치 이상의 회원을 확보해 시장점유율을 확보하느냐가 중요한 전략적 이슈로 등장한다. 회원 수의 확장을 위해 이종업체간의 회원공유 네트워크를 구축하나, 이전 비인터넷 기업에서는 제휴시 가장 중요한 문제인 조정비용(coordination cost)이 발생하나, 인터넷이라는 쌍방향의 커뮤니케이션 수단을 통해 제휴에 따르는 음의 부정적 비용이 이전과 비교해 상당히 줄어들 수 있다.

3. 전자상거래 생산방식의 변천과정

제2차 산업혁명기에 속하는 소품종 대량생산체제에서 제3차 산업혁명기인 디지털경제 도입기인 다품종 소량생산체제, 그리고 제4차 산업혁명기의 개별화된 생산방식(전자상거래시대)이다.

4. 미래의 유통전략

첫째, **기술**, 기술혁신 급진전 대비, 제품수명 단축 둘째, **경쟁**, 경쟁의 국제화 가격경쟁 심화, 시간경쟁 셋째, **고객**, 다양화 개성화 특화 고품질저간가 단납기 넷째, **조직**, 리스트럭처링, 다운사이징, 팀제 empowerment 이다.

제6절 물류전략

1. 현황 및 문제점

1) 산업물류의 낙후 및 유통환경변화에 대응할 수 있는 인프라 부족

물류인프라 부족, 기업 내 물류시스템의 비효율성, 물류산업의 낙후성 등으로 기업물류비 부담이 심각한 상황이다. 급증하는 물동량에 비해 집배송단지, 화물터미널, 도로·항만·철도 등 물류 인프라가 절대적으로 부족하다

2) 비효율성 및 물류공동화의 낮은 수준

자가물류 의존도가 높아 전문성 부족에 따른 비효율을 초래한다. 동종업종

및 관련 기업 간 물류공동화 수준도 매우 낮다.

2. 산업물류 혁신의 기본방향

1) 기본 목표

물류인프라의 확충, 기업물류의 아웃소싱 촉진, 물류전문기업 성장기반 조성 등이다.

2) 추진 방향

파렛트, 컨테이너 등 물류공동화를 위한 핵심 물류설비의 표준화를 지속적으로 추진하고, IT 기술과 접목을 통해 물류정보화를 촉진하고, 전자상거래 물류기반을 조성하고, 업종별・지역별 물류공동화를 통해 공차운행 등 산업물류 전반의 비효율 제거한다.

3. 산업물류 혁신을 위한 정책과제

1) 물류표준화 촉진

물류설비인증제도 도입(유통산업발전법)은 물류표준에 적합한 장비・기기에 대해 물류설비인증을 실시, 파렛트, 포장용기, 컨베이어, 랙(Rack) 등 물류기본설비 대상, 물류인증설비 공급자 및 사용자에 자금지원, 구매권고 등 인센티브 부여 등이다.

2) 물류정보화 촉진

정보화 기반 인프라 보급으로 물류바코드, 전자문서(EDI) 등이다. 공동

물류 e-마켓플레이스 구축하고 수출입 · 국내물류를 포괄하는 종합물류 e-마켓플레이스 구축을 통해 제3자 물류 및 물류분야 전자상거래 성장 촉진, 정부 관련부처마다 독립 운영되는 물류 정보망간 연계 및 공동 활용방안 마련한다.

3) 물류공동화 촉진

산업단지 입주기업 대상 공동수배송 사업 추진, 권역별 공동집배송센터 조성을 통한 지역물류 효율화 도모, 업종별 물류 공동화 사업 등이다.

Chapter

12

행동경제학의 입문

1. 행동경제학의 기초개념
2. 휴리스틱과 바이어스
3. 프로스펙트 이론

Chapter

12 행동경제학의 입문

제1절 행동경제학의 기초개념

1. 행동경제학이란?

행동경제학(Behavioral Economics)은 모든 사람이 물질적인 사익을 추구하는 인간, 다시 말해 모든 사람이 경제적 인간(homo economicus)이라는 전제를 부정한다. 오로지 사익을 추구하는 이기적인 인간과 종종 타인을 배려하는 이타적 인간이 공존하기 때문이다.

행동경제학에 대한 정의는 다음과 같다. 사람은 실제로 어떻게 행동하는가, 왜 그렇게 행동하는가, 행동의 결과로 어떤 현상이 발생하는가를 주제로 논의하는 경제학이다. 인간 행동의 실제, 원인, 경제사회에 미치는 영향 및 사람들의 행동을 조절하기 위한 정책에 관해 체계적으로 규명할 것을 목표로 한 경제학이다.

경제학에서 오랫동안 축적된 이론에 인지심리학의 성과를 도입하여 개량한 것이 행동경제학이 지향하는 방향이다. 주류 경제학을 전면적으로 포기하거나 해체하여 새로운 경제학을 처음부터 다시 만들겠다는 의미는 아니다.

1) 행동경제학에서의 경제학

경제학은 '경제적 인간'(homo economicus)이라는 기원을 갖고 있다. 경제적 인간이라는 말은 극히 합리적으로 행동할 뿐만 아니라, 타인을 전혀 배려하지 않고 오로지 자신의 이익만을 추구하는 사람들을 가리킨다. 마치 신과 같은 이러한 인물이 주류 경제학에서 전제로 하는 경제인의 모습이다. 주류 경제학은 경제활동을 하는 우리 모두를 이와 같은 인물이라는 가정 하에서 구축된 경제이론이다.

이와 같이 경제학은 사람을 경제적인 인간이라는 가정 하에서 구축된 경제이론이다. 경제적 인간은 지각, 주의, 기억, 지론, 계산, 판단 등 뇌나 마음이 실행하는 인지작업에 관해서는 무한한 능력을 지니고 있어야 한다. 일단 결심한 것을 반드시 실행하는 초월적 자제력을 갖춘 소유자이기도 하다. 예를 들면 경제적 인간은 언제라도 커피와 홍차 가운데 어느 쪽이 좋다고 명확히 말 할 수 있고, 취향은 시간이나 상황에 따라 변해서도 안 된다. 커피와 홍차에 대한 취향이 아침과 밤에 다르다든지, 어제는 커피만 10잔 마셨으니 오늘은 홍차를 마시겠다는 식은 배제 된다.

경제적 인간에게는 합리적인 측면뿐만 아니라, 다른 중요한 개념이 하나 더 첨가된다. 타인에 대해서는 일절 돌보지 않고 자신의 물질적 이익만을 최대화하려는 이기적 인간이라는 점이다. 오로지 사익만을 추구하는 사람이 만일 이타적 행동을 한다고 해도, 그 행동은 어떤 보답을 기대하는 것으로 밖에 여겨지지 않을 것이다.

이 두 가지 특징만 보더라도 경제적 인간은 사익을 얻을 수 있는 기회가 있으면 어떤 작은 기회라도 놓치지 않으려는 성격이 있음을 충분히 짐작할 수 있다. 이익을 얻을 기회가 있으면 범죄가 아닌 한 그것을 최대한 이용하는 것이 경제적 인간이다. 경제적 인간은 법을 지키지만 법의 틀을 벗어나는 윤리라는 개념을 가지고 있지 않다.

행동경제학에서는 인간의 합리성, 자제심, 이기심을 부정하지만 인간이 완전히 비합리적, 비자제적, 비이기적이라는 것을 의미하지 않는다. 완전 합리적,

완전 자제적, 완전 이기적이라는 점만을 부정할 뿐이다. '인간의 합리성은 하나지만 비합리성은 무수히 많아 이론화할 수는 없다'는 반론도 있다. 행동경제학에서 말하는 '비합리성'이란 터무니없거나 또는 정형화되지 않은 행동경향이 아니라 합리성(경제적 인간)의 기준에서 벗어난다는 의미로 사용할 뿐이다. 비합리적이기는 하나 일정한 경향을 갖고 있고 따라서 예측 가능한 행동이다. 그러한 행동이 경제에 미치는 영향은 크다.

2) 행동경제학과 심리학

행동경제학에 있어서 심리학, 특히 인지심리학의 영향력은 측정할 수 없을 정도로 크다. 하지만 현실의 인간행동을 대상으로 하지 않는, 경제적 인간만을 취급하는 주류경제학은 심리학적 분석과는 인연이 멀다. 이런 경향은 주류경제학이 확립된 비교적 최근의 일이다. 경제학은 원래 심리학과 연관성이 깊었다. 경제학이 확립된 18세기 무렵, 심리학은 아직 과학으로서 독립적인 입지를 마련하지 못해 당시의 경제학자는 심리학을 겸업했다고 할 수 있다.

대표적인 예로 아담 스미스(Adam Smith)는 《국부론》에서 리스크나 불확실성이 인간의 경제행동에 미치는 영향에 대해 '누구나 이익을 얻을 기회는 약간이라도 과대평가하고, 대부분의 사람들은 손실을 볼 기회는 조금이라도 과소평가 한다'는 합리성에 반하는 심리적 요인의 중요성을 지적하고 있다. 아담 스미스 이후의 경제학자들 중에서도 인간 심리의 중요성에 대해 통찰한 경제학자는 적지 않다. 알프레드 마샬(Alfred Marshall)은 《경제학원리》첫 머리에서 '경제학은 일상생활을 영위하는 인간에 관해 연구하는 학문이다. 개인적・사회적 행동에서 물질의 획득과 그 사용에 매우 밀접하게 관련된 측면을 다루는 것'이라고 서술하였고, 경제학은 일종의 심리과학이자 인간과학이라고 주장하고 있다.

인간 심리를 경제학에 도입한 점에서 케인즈(John Maynard Keynes)는 걸출한 인물이다. 그는 인간의 비합리성이 경제행동이나 경제의 운용에 큰 영향을 미친다는 것을 잘 할고 있었다. 그의 저서 《고용・이자 및 화폐의 일반이론》은 인간행동에 관한 혜안으로 가득 차 있다. 예를 들면 이 책의 마지막 망에서 일부 검토한 인지 바이어스(bias, 편향), 답례성, 공정, 군중행동, 사회적 지위나 감정, 야심 등의 심리학점·사회학적 사실의 역할이 반복하여 등장할 뿐만 아니라 강조되고 있다.

그 후 경제학에 심리학의 탁월한 견해를 도입하려는 시도는 소수를 제외하고 거의 끊어져 버렸다. 이런 조류 속에서 유달리 빛을 발한 사람이 1978 노벨 경제학상을 수상한 허버트 사이먼(Herbert Alexander simon)이다.

그는 주류경제학이 가정하고 있는 합리성에 대해 인간 인지 능력의 한계라는 관점에서부터 체계적인 비판을 가한 최초의 경제학자이다. 완전히 합리적일 수 없는 인간을 설명하기 위해 '제한된 합리성(bounded rationality)'라는 개념을 만들어냈을 뿐만 아니라, 경제학은 제한된 합리성을 가진 인간을 연구해야 한다고 주장했다.

3) 행동경제학의 성립

행동경제학은 심리학과 경제학이 재결합되면서 탄생한 연구 분야였기 때문에 심리학적 특징이 강한 경향이 있었다. 그 흐름의 중심에는 1950년경에 창시된 오늘날의 인지심리학이나 인지과학으로 불리는 연구 분야가 자리 잡고 있다. 이러한 흐름 속에서 심리학의 일파로 간주되는 의사결정이론도 인지혁명의 영향을 받아왔다. 그것은 행동적 의사결정이론이라 불리는데, 원류는 1950년대 워드 에즈워즈(Ward Edward)에 이르기 까지 거슬러 올라간다. 1970년대에 이르자 판단이나 의사결정의 문제에 대한 인지심리학자들의 연구가 활발해졌다. 그 후 아모스 트버스키(Amos Tversky), (Daniel Kahneman), 폴 슬로빅(Paul Slovic), 바룩 피쇼프(Baruch Fischhoff) 등과 같은 인지심리학자들이 활발한 연구 활동을 펼쳐 점차 경제학에 영향을 미치게 되었다.

2. 인간의 제한된 합리성

주류경제학을 전제로 한 경제적 인간이라면 타인을 배려하지 않고 오로지 자신의 이익을 위해서 자신을 적절히 조절하고 극히 합리적으로 행동한다. 그러나 일반적으로 인간은 경제적인 인간처럼 합리적이지 않다. 그렇다고 해서 인간이 비합리적이라고 쉽게 결론을 내리는 것은 분명히 잘 못 된 것이다.

1) 몬티 홀(Monty Hall) 딜레마

— 몬티 홀(Monty Hall) 딜레마

마릴린 보스 사반트(Marilyn vos Savant)는 아이큐(IQ)가 세계에서 가장 높은 사람으로 '퍼레이드'라는 잡지에서 '마릴린에게 물어보기'라는 인기 칼럼을 담당하면서 독자들의 다양한 질문에 답변을 했었다.

A, B, C 문이 세 개 있고, 자기가 문을 열면 그 뒤에 있는 상품을 받을 수 있다. 오직 1개의 문 뒤에만 자동차가 놓여 있고, 나머지 2개의 문 뒤에는 염소가 있다. 하나의 문을 선택하면 사회자는 나머지 두 개의 문 가운데 염소가 들어 있는 문 하나를 알려준다. 그리고 처음 선택을 변경할 기회를 주고 참여자에게 선택을 바꿀 것인지 묻는다.

이 문제를 '몬티 홀의 딜레마' 라고 부르는데 많은 사람들의 대답은 '자신의 선택을 바꾸지 않는다.' 이다. 그 근거는 처음에 A문을 선택한 상태에서 C문이 당첨이 아닌 것을 알았을 때, A나 B가 당첨될 확률은 1/2씩이기 때문에 선택을 바꿔도 유리해지지 않는 다고 생각하기 때문이다.

그러나 이 선택은 잘 못 된 것이다. 정답은 선택을 바꾸면 당첨될 확률은 2/3로 올라간다. A문이 당첨될 확률은 1/3, B문 또는 C문이 당첨될 확률은 2/3이다. 그리고 C문(자동차)이 당첨이 아닌 것을 안다면 B문이 당첨될 확률이 2/3가 되므로 선택을 바꾸는 것이 맞다. 그런데 이 정답이 지면에 게재되자

마자 미국 전역으로부터 마릴린의 답이 틀렸다는 항의가 쇄도 했다. 항의의 태반은 1/2이 정답이며, 마릴린의 답은 틀렸다는 것이었다. 이 문제는 전설적인 수학자 폴 에르되시 조차 정답을 맞추지 못했을 뿐만 아니라 저명한 경제학자까지 오답을 내고 말았다.

2) 인간은 확률이해가 어려움

— 확률의 어려움

> 문제 1) 이웃집 부인에게 '딸이 있습니까'라고 물었더니 대답은 '네'였다. 다른 한 아이도 딸일 확률은 얼마인가?
> 문제 2) 이웃집 부인에게 '큰아이가 딸입니까?'라고 물었더니 대답은 '네' 였다. 또 한 명도 딸일 확률은 얼마인가?

1번 문제는 세상에 남녀는 반반이기 때문에 1/2라고 대답할 수 있겠지만 정답은 1/3이다. 아이들의 구성은 여여, 여남, 남녀, 남남 4가지 경우가 있기 때문이다.

2번 문제는 처음 문제와 마찬가지 문제로 보이지만 실상은 그렇지 않다. 정답은 1/2이다. 큰아이가 딸일 경우의 아이 구성은 여여, 여남밖에 없다.

3) 인간은 기본법칙에 충실하다

— 인간의 기본법칙

> 어떤 치명적인 감염증에 걸릴 확률은 1만분의 1이다. 과연 이 병에 걸렸는지 여부를 검사했더니 양성이었다. 이 검사의 신뢰성은 99%이다. 실제 이 감염증에 걸릴 확률은 어느 정도일까?

신뢰도가 99%인 감염증 검사에서 양성 판정을 받았다면 대부분의 사람들은 이 병에 걸릴 확률이 99%라고 생각할 것이다. 거의 절망적이다. 그러나 이 판단은 잘못된 것이다.

애초에 이 병에 걸릴 확률이 1만분의 1이기 때문에 100만 명당 100명의 감염자가 있다. 반면에 검사 신뢰도가 99%라는 말은 실제 감염자 100명 중 99명이 양성 판정을 받는다는 뜻이다. 또한 100만 명 중에서 감염되지 않은 999,900명 중 1%는 실수로 양성 판정을 받을 수 있다는 의미이다. 즉 999,900명의 비감염자 중 1%인 9,999명은 실수로 양성 판정을 받게 된다.

그러면 양성 판정을 받게 되는 사람은 99명 + 9,999 = 10,098명이 되는데, 이 중에서 실제로 '감염되어 양성인 사람'은 99명이기 때문에 실제로 감염될 확률은 거의 1%정도다.

여기서 사용한 확률 계산법을 '베이스 룰'이라고 하고, 발생확률에 관한 사전 정보가 있을 때 새로운 정보를 얻었을 경우에는 사태가 발생할 확률을 어떻게 갱신하면 합리적인지를 나타낸다. 경제적 인간은 물론 베이스 룰에 따른 결론을 낼 수가 있으며, 양성 판정을 받더라도 당황하는 일은 없을 것이다.

이 오류는 확률판단에 있어서 '기저율의 무시'로 일컬어지는 실수이며, 확률을 판단할 때 어떤 사건에서 전제가 차지하는 비율을 무시함으로써 발생하는 오류이기도 하다.

4) 인간의 논리적 추론 오류

— 논리적 추론

E, K, 4, 7의 카드 4장이 있다. 알파벳 뒤에는 숫자가 적혀 있고 모음이 적혀 있는 카드 뒤에는 짝수가 적혀 있어야 한다는 규칙이 성립되는 것을 확인하기 위해 어느 카드의 반대쪽 면을 확인해야 할까?

이것은 간단한 논리 문제로서 정답은 E와 7이다. 이 문제도 이해하기 어려운 문제 중의 하나로서 전형적인 오답은 E뿐이다. 또는 E와 4를 선택하는 것이다. 정답 E는 당연하지만 또 한 장의 카드 7의 뒷면도 확인해야 한다. 예를 들어 이 카드에 A라고 적혀 있다면 규칙에 어긋나기 때문이다. 4의 뒷면은 어떤 알파벳이라도 상관없다.

이 문제는 형식논리학에서 나오는 대우(對偶)에 관한 규칙을 적용하면 쉽게 확인 할 수 있는데, 이 문제에서 사용된 추론은 논리학의 입문 정도 수준이지만, 우리 인간에게는 이 정도의 논리적 추론도 그다지 익숙하지 않은 것 같다. 우리는 일상생활에서 별로 접할 일이 없는 이 같은 문제, 또는 평상시에 별로 사용하지 않는 순수 논리학 형식을 기준으로 한 추론에는 능숙하지 못하다. 그러나 일상생활과 관련된 추론에 대해서는 정답률이 훨씬 상승한다는 사실을 알 수 있다.

5) 미인투표 게임

— 미인투표 게임

어떤 신문사가 100명의 아름다운 미인의 사진을 게재 하면서 현상응모를 실시하였다. 100명의 미인 중에서 가장 많은 사람이 미인이라고 생각하는 후보자를 선택한 사람에게 상을 준다는 내용이었다. 과연 응모자들은 어떤 행동을 할까?

이 경우에 응모자들은 자신의 판단보다는 다른 사람들이 미인으로 꼽을 것으로 짐작되는 후보에게 표를 던진다고 케인즈는 지적하였다. 즉 자신이 가장 미인이라고 생각하는 후보를 고르지 않고, 다른 사람들이 미인이라고 판단할 것 같은 후보에게 표를 던진다는 것이다.

6) 최종제안게임

— 최종제안게임

여러분은 10,000원을 받고 다른 사람과 나눠 가지라는 지시를 받았다. 자신의 몫으로 전액을 다 가져도 좋고, 일부를 자신이 갖고 나머지를 상대방에게 줘도 된다. 단 상대방에게는 거부권이 있다. 또한 상대방이 그 금액을 수락하면 당신의 제안대로 분대되지만, 상대방이 당신의 제안을 거부한다면 두 사람 모두 한 푼도 받을 수 없다. 여러분이라면 상대방에게 얼마를 주겠다고 제안할 것인가?

여러분이나 상대방 모두 경제적 인간이라고 가정하면, 여러분이 9,990원을 갖고 상대방에게는 10원만 건네준다면 정답이다. 그러나 이 게임을 일반인에게 실험을 해보면, 그 결과는 거의 모든 실험에서 경제적 인간처럼 행동하는 사람은 거의 찾아 볼 수 없었다. 대부분의 사람들은 상대방에게 30~50%의 금액을 제안하는 것으로 나타났다.

일반인들은 주류경제학 이론이 예상할 법한 이기적인 행동을 하지 않는다. 그렇다고 해서 '사람은 이기적이지 않다'고 단순한 결론을 내릴 수도 없다.

7) 죄수의 딜레마

— 죄수의 딜레마

어떤 사건의 용의자로 A, B 두 명이 체포되어 검사의 취조를 받고 있다. 검사는 A, B를 별도의 방에서 취조하면서 이렇게 말했다. '자백해라. 당신이 자백하고 공범이 묵비권을 행사사면 당신은 조사에 협조했으므로 무죄로 방면

되고, 공범은 징역 8년을 선고 받는다. 공범이 자백하고 당신이 묵비권을 행사하면 그 반대다. 두 명 모두 묵비권을 행사하면 각각 1년씩을 선고 받는다. 단 두 명 모두 자백한다면 정상을 참작하여 징역 5년씩을 받게 될 것이다. 용의자 A, B는 어떻게 하면 좋을까?

우선 A의 입장에서 생각해보자. B가 묵비권을 행사하면 자신도 묵비권을 행사해 징역 1년을 선고 받지만, 자백하면 무죄로 풀려나기 때문에 자백하는 게 좋다. 그렇다면 B가 자백할 경우에는 어떻게 되나? 자신이 묵비권을 행사하면 징역 8년이 지만, 자백하면 최대 5년으로 끝난다. 따라서 자백하는 게 낫다. 즉 B의 태도에 상관없이 자백을 선택하게 된다.

이 논리는 B에게도 마찬가지이므로 B도 자백을 선택하게 된다. 두 명 모두 자백해버리고, 사이좋게 5년씩 징역을 살게 된다. 이것은 합리적 추론이기는 하나, 최악은 아니라 해도 나쁜 결과를 빚고 말았다.

이 처럼 사람은 완전히 합리적이진 않지만 어느 정도는 합리적이라는 의미로 '제한된 합리성' 이라는 말을 사용하는 게 가장 적절하다.

제2절 휴리스틱과 바이어스

1. 휴리스틱과 바이어스

1) 휴리스틱(heuristic)이란 무엇인가

휴리스틱은, 문제를 해결하거나 불확실한 사항에 대해 판단을 내릴 필요가 있지만 명확한 실마리가 없을 경우에 사용하는 편의적 · 발견적인 방법이다.

우리말로는 쉬운 방법, 간편법, 발견법, 어림셈, 또는 지름길 등으로 표현할 수 있다.

휴리스틱을 이용하는 방법은 대부분의 경우에 어느 정도 만족스럽고, 경우에 따라서는 완전한 답을 재빨리, 그것도 큰 노력 없이 얻을 수 있다는 점에서 사이먼의 '만족화(satisficing)' 원리와 일치하는 사고방식이다. 그러나 휴리스틱은 완전한 해답이 아니므로 때로는 터무니없는 실수를 자아내는 원인이 되기도 한다.

불확실한 의사결정을 이론화하기 위해서는 사람들이 확률을 어떻게 다루는지가 중요하다. 확률은 이를 테면 어떤 사람이 선거에 당선될 전망, 경기가 좋아질 전망, 시합에서 어느 편이 우승할지 따위를 '전망'할 때 이용된다. 대개 그러한 확률은 어떤 근거를 기초로 객관적인 판단을 내리기도 하지만, 대부분은 직감적으로 판단을 내리게 된다. 직감적인 판단으로 얻어 지는 주관적인 확률은 과연 정확한 것일까?

카네만(Daniel Kahneman)과 트버스키(Amos Tversky)는 일련의 연구를 통해 인간이 확률이나 빈도를 판단할 때 몇 가지 휴리스틱을 이용하지만, 그에 따라 얻어지는 판단은 객관적이며 올바른 평가와 상당한 차이가 있다는 의미로 종종 '바이어스(편향)'가 동반되는 것을 확인했다.

2) 이용가능성 휴리스틱(Availability Heuristic)

휴리스틱의 가장 큰 특징은 '이용가능성'이다. 이용가능성이란 어떤 사건이 출현하는 빈도나 확률을 판단할 때, 그 사건이 발생했다고 쉽게 알 수 있는 사례를 생각해내고 그것을 기초로 판단하는 것을 뜻한다.

최근 큰 지진이 빈발하고 있는데 대지진 직후에는 화재예방 도구를 구입하는 사람이나, 지진 보험 가입자가 증가하는 것으로 잘 알려져 있다. 일본에서는 광우병에 감염된 소가 발견된 직후 소고기 기피 소동이 발생했다. 이는 이용가능성 휴리스틱이 확률의 추측을 증가시켜 행동을 변화시킨 예이다.

기억한 내용이 다양한 원인의 영향을 받아 변하거나, 일부밖에 기억하지 못하는 일을 일상에서 자주 경험한다. 이때 머리에 쉽게 떠오르는 기억이 반드시 그 대상의 빈도나 확률을 올바르게 나타내지 못할 경우 바이어스(편향)이 생기게 된다.

예를 들면 미국에 사는 사람들에게 자살과 타살, 어느 쪽이 많을 것 같으냐고 물으면 대부분은 타살이라고 대답한다. 타살사건 기사는 매스컴을 통해 매일 접하기 때문에 곧바로 머리에 떠오르지만, 자살의 예는 짐작하기가 쉽기 않고 매스컴에 보도되는 기사도 타살에 비해 훨씬 적다. 세일러에 따르면 1983년 미국에서 발생한 자살 건수는 연간 27,300명, 타살 건수는 20,400명이라고 한다. 최근 일본에서는 자살 증가가 사회문제로 떠올라 매스컴 보도가 많아졌기 때문에 이 같은 착오는 발생하지 않을 것이다. 이 바이어스도 이용가능성의 원인이다.

3) 이미지화 용이성(Ease of Imaging)

셔먼은 여대생 120명에게 가상으로 학교 내에서 어떤 병이 만연할 조짐이 있으니 이 병의 증상에 대해 적어 놓은 종이를 읽고 자신이 이 병에 걸릴 가능성 정도를 판단하도록 하였다. 실험대상 학생들은 4개 그룹으로 편성되었다. 1그룹에 속한 학생들에게는 이 병에 걸리면 활력 저하, 근육통, 점차 심한 두통이 일어나는 등의 증상에 대해 구체적이고, 이전에 경험했을 법한 내용이 적힌 종이가 건네졌다. 2그룹에 속한 학생들에게는 훨씬 더 추상적인 내용이 적힌 종이를 주었다. 메시지 내용은 약간의 방향감각 상실, 신경계 기능 불완전, 간장의 염증 등이었다. 그리고 실험참가자는 증상을 읽고 난 후 자신이 추후 이병에 걸릴 수 있는 정도를 10단계로 평가하게 했다.

3그룹과 4그룹에 속한 학생들에게는, 증상은 1,2그룹과 같지만, 만약 이 병에 걸린다면 3주 후에 자신에게 어떤 증상이 나타날지 구체적으로 머릿속에 그리고 난 후 이 병에 걸릴 정도로 판정하도록 요구했다.

그 결과 이 병에 걸릴 가능성이 가장 높을 것이라고 판단한 그룹은 3그룹에 속한 학생들이었고, 다음은 2그룹, 1그룹이었다. 4그룹이 이 병에 걸릴 수 있는 정도를 가장 낮게 판정했다. 증상에 대한 기술내용이 구체적이어서 스스로 병에 걸릴 수 있다는 이미지를 떠올린 그룹이 가장 병에 걸리기 쉽다고 생각한 것이다.

금연 캠페인의 경우 흡연이 암에 걸릴 확률을 높인다고 주장하기 보다는 암에 걸려서 비참해진 사례를 어필하는 캠페인이 더 효과적일 것이다. 운전면허증을 재발급 받을 때 교통사고 현장에 대한 모의 비디오를 보여주는 경우가 사고 확률을 수치로 나타내는 것 보다 효과적이다.

2. 바이어스

1) 사후판단 편향(Hindsight bias)

이용가능성 휴리스틱이 일으키는 바이어스 중의 하나가 '사후판단 편향'이다. 우리는 일이 벌어 진 뒤에 '그렇게 될 줄 알았어', '그렇게 될 거라고 처음부터 알고 있었어'와 같은 말을 자주 한다. 이렇게 결과를 알고 나서 마치 사전에 그것을 예견하고 있었던 것처럼 생각하는 바이어스를 사후판단 편향이라고 한다.

어떤 주식 종목이 하락한 후에 '이렇게 될 줄 알았는데 다른 주식에 투자했으면 좋았을 텐데', '주식에 문회한인 나조차도 그럴 수 있다고 예상했는데 주식을 추천한 증권회사 전문가는 당연히 알고 있겠지' 라고 생각하는 것이 사후판단 편향의 한 예이다.

2) 대표성의 함정(Representativeness heuristic)

사람들이 자주 사용하는 휴리스틱의 두 번째 특성이 '대표성'이다. 이것은 어떤 집합 속하는 사건이 그 집합의 특성을 그대로 나타내는 뜻에서 '대표한다'고 간주해 빈도와 확률을 판단하는 방법이다. 이것은 어떤 사건이 속한 집합과 '유사하다'고 생각하는 것으로 바꿔 말할 수 있다. 그 집합이 갖는 특성과 실제

사건이 가진 특성의 관련성이 많지 않은 경우에는 다양한 바이어스가 발생하게 된다.

3) 도박사의 오류(Gambler's Fallacy)

매주 주가를 예측하는 애널리스트가 3주 연속 예측을 적중시키면 뛰어난 애널리스트라고 판단하거나, 반대로 3주 연속 예측이 빗나가면 무능하다고 판단하기 십상이다. 하지만 그 사실만으로 애널리스트의 우열을 판단하는 것은 경솔한 생각이다. 이것은 소소의 법칙에 따라 바이어스가 생긴 예이다. 마찬가지로 동전을 20번 던지는 동안 5번 연속 앞면이 나오면, 다음은 뒷면이 나올 확률이 높다고 판단해버리는 것도 똑같은 오류이다. 이 사례를 '도박사의 오류'라고 한다.

4) 평균으로의 회귀(Regression to the Mean, Regression Effect)

프로 야구에서 선발 타자로 막 승격한 신인 선수가 3안타를 치고, 명타자 이치로가 같은 날 무안타를 기록하는 일도 있을 수 있다. 이것만으로 이 신인 선수가 우수하고 이치로는 무능하다고 판단한다면 이내 잘못된 판단이라는 것을 알 수 있다. 장기적으로 보면 신인 선수는 타율 2할 3푼을, 이치로는 3할 이상을 기록할 수 있다. 어느 특정 하루만으로 이 신인 선수가 이치로 보다 높은 성적을 기록했다고 하더라도, 다른 날의 경기에서는 이 날처럼 실력이 뛰어나지 않다는 사실을 점차 알 수 있게 될 것이다.

비록 단기적으로는 타율이 오르락내리락 해도 대수의 법칙에 따라 장기적으로는 평균치(타율)로 결정된다. 이런 현상을 '평균으로의 회귀'라고 한다.

5) 기저율을 무시한 믿음(Neglect of Base Rate)

대표성 휴리스틱에서 파생된 두 번째 바이어스가 확률 판단에서 기저율의 무시 또는 과소평가 현상이다. 심각한 병에 감염되었는지 여부를 조사할 때 양성반응이 나오더라도 그 병이 매우 희귀한 병이고 조사의 신뢰성이 100%가 아닌 한 감염되지 않을 가능성은 직감적인 예상보다 훨씬 높다. 병에 걸릴 확률은 그 병의 발생확률에 의존하기 때문에 기저율은 무시할 수 없다. 그런데도 사람들은 감염 조사에서 양성반응이 나오면 바로 그 병에 걸렸다고 생각해버린다. 설령 기저율을 고려했다고 하더라도 양성이라는 사실만을 근거로 기저율이 무시되기 일쑤다. 그 결과 자신이 그 병에 감염됐을 거라고 과민하게 믿어버린다.

6) 기준점 효과와 조정(Anchoring and Adjustment)

불확실한 사건에 대해 예측할 때 처음에 어떤 가치를 설정하고, 그 다음 단계로 조정을 통해 최종적인 예측치를 확정하는 것이 '기준점과 조정'이라는 휴리스틱이다. 그러나 조정 단계에서 최종적인 예측치가 맨 처음 설정한 가치에 휘말려 충분한 조정을 할 수 없게 됨으로써 바이어스가 발생하는 경우가 있다. 이러한 바이어스를 기준점 효과라 부른다.

물건을 구매할 때 상품가치를 기초로 한 적정한 가격을 알 수는 없다. 대부분의 경우에 정가나 정찰가격 표시를 보고 타당한 가격을 판단한다. 상점에서 희망소매가격 25,000원, 판매가격 23,000원이라는 표시를 자주 접할 수 있다. 이때 희망소매가격이 기준점이기 때문에 판매가격은 싸게 느껴진다.

7) 2개의 정보처리 프로세스

인간의 정보처리 프로세스는 직감적 부분과 분석적 부분이라는 2가지 형태로 형성돼 있다는 사실은 이미 고대 철학자들에 의해 인식되었다.

그 후 수많은 철학자와 사상가가 이에 대해 논한 테마이기도 하다. 이 테마는 최근 '이중 프로세스 이론(dual process theories)'으로 불리는 이론이 등장함에 따라 심리학자의 주목을 받고 있다.

이중 프로세스란 인간이 지닌 2개의 정보처리 시스템을 가리킨다. 하나는 직감적, 연상적, 신속, 자동적, 감정적, 병렬처리, 노력이 들지 않는다는 등의 특징으로 대표되는 시스템으로서 시스템Ⅱ라 한다.

8) 프레임 문제

문제해결을 위해 어떤 것이 관련돼 있어서 무시하면 되는지 안 되는지를 적절하게 결정할 수 없는 것이 '프레임 문제'이다. 하지만 상식을 통해 직감적으로 문제를 해결할 수 있고, 상식 또한 일종의 휴리스틱인 것이다.

제3절 프로스펙트 이론

1. 프로스펙트 이론

1) 변화의 감각

똑같은 20도라도 한겨울에는 덥다고 느끼고, 한여름에는 춥다고 야단이다. 같은 온도인데 말이다. 한밤중의 달은 눈이 부실정도로 빛나는데 아침 무렵에는 흐리게 보인다. 똑 같은 달이 비추고 있는데. '사람은 변화에 반응 한다'는 것이 프로스펙트 이론(Prospect theory)의 출발점이다. 프로스펙트 이론은 기대효용 이론의 대체이론으로 고안된 것으로, 주류경제학의 효용함수에 대응하는 '가치함수' 및 확률의 중요성과 관계가 있는 '확률가중함수'로 구성된다.

또한 프로스펙트 이론은 확률을 중요하게 여기지만, 확률 1/3을 1/3 그 자체로 받아들이지 않는 심리적인 성질을 갖고 있다.

2) 가치함수

<그림 12-1>에는 프로스펙트 이론에서 사용되는 가치함수(value function)가 그려져 있다. 평가의 기준이 되는 점을 준거점이라 하고, <그림 12-1>에서는 원점이 준거점이다. 가로축에는 준거점과 비교하여 원점의 오른쪽에는 이익의 크기가, 원점으로부터 위쪽은 플러스, 아래쪽은 마이너스 가치로 측정된다. 여기서 말하는 가치는 경제학에서 사용되는 '효용'을 뜻한다.

가치함수는 V로 나타낸다. 예를 들어 5,000원의 소득으로 초래되는 가치를 V(5,000)으로 표시한다. 마찬가지로 5,000 손실로 초래되는 가치(불효용)는 V(-5,000)으로 표시한다. 그림에 그려진 S자형 가치함수에는 효용가치의 두드러진 3가지 성격을 나타내고 있다. 이것이 프로스펙트 이론의 커다란 특징 중 하나이다. 모든 사람이 같은 형태의 가치함수를 갖는 다는 뜻은 아니다.

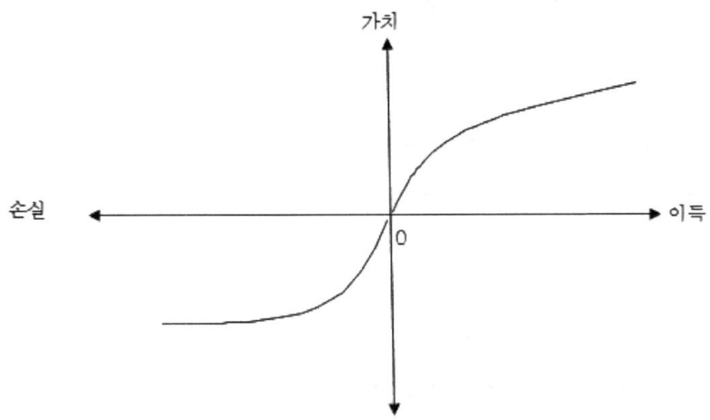

출처: http://cafe.daum.ntt.DELHSUHEC

〈그림 12-1〉 **가치함수**

3) 준거점(reference point) 의존성

생산가능곡선을 볼 때, 첫째, 생산가능곡선 안에서의 이동은 기술의 불완전 활용, 자원의 부적절한 활용, 낭비되는 자원이 존재한다는 의미이다. 예를 들자면 활용도가 ZERO인 무의미한 시험제도 등 이다. 즉, 원래 유통분야 전문가 양성이라는 취지가 변질되어 대학 편입학을 위한 학점 취득의 수단으로 이용되고 있는 유통관리사 시험제도가 그 대표적인 사례라 하겠다.

둘째, 생산가능곡선 밖에서의 이동은 주어진 기술과 자원으로 생산 불가능한 부분을 의미한다.

셋째, 곡선의 자체 이동이란 기술진보, 신자원 발견, 자원의 양적 증가가 원인이다. 예로 북한 핵개발, 로키산맥 석유암 개발, 광산 생산량, 극대화 등도 이에 해당된다.

4) 민감도(敏感度) 체감성(遞減性)

이익이나 손실의 가치가 작을 때에는 변화에 민감하여 손익의 작은 변화가 비교적 큰 가치 변동을 가져온다. 그러나 이익이나 손실의 가치가 커짐에 따라 작은 변화에 대한 가치의 민감도는 감소한다. 이런 특성이 바로 '민감도 체감성'이다. 이 특성은 주류경제학에서 가정하는 한계효용 체감의 법칙과 같은데, 손익의 한계가치가 체감하는 것을 의미한다. 그림에서는 이익이나 손실 액수가 커짐에 따라 가치함수의 기울기가 점점 완만해져 가는데 이를 체감이라 한다. 이 특성의 정당성은 감각적으로 이해하기 쉽다. 같은 3도의 차이지만, 기온이 1도에서 4도로 오를 경우가 21도에서 24도로 상승할 경우보다 더 따뜻하게 느껴진다.

가. 리스크에 대한 태도

민감도 체감성에서 리스크에 대한 중요한 태도의 차이가 발생한다. 사람들은 이익에 관해서는 리스크 회피적이지만, 손실에 관해서는 리스크 추구적인 것을 알 수 있다.

나. 손실회피성

손실은 똑같은 금액의 이익보다도 훨씬 더 강하게 평가된다. 같은 액수의 손실과 이익이 있다면, 손실액으로 인한 '불만족'은 이익금이 가져다주는 '만족'보다 더 크게 느껴진다는 뜻이다.

다. 확률가중함수

가치함수와 더불어 프로스펙트 이론의 또 하나의 축이 확률가중함수이다. 기대효용 이론에서는 확률과 결과의 효용을 곱하면 기대효용을 낳는다. 즉 x에 의해 초래되는 기대효용은, (x가 발생한 확률 p) × (x의 효용) 이다. 이 경우에 확률은 모든 수치의 차나 배율을 유지한 채 영향을 준다. 즉 확률 0.5는 0.1보다 5배 높고, 0.2와 0.3의 차는 0.3과 0.4의 차와 같은 크기를 갖는다. 이와 같은 확률과 기대효용과의 연관성을 확률의 선형성(線形性)이라 한다. 즉 확률은 의사결정을 하는 사람에게 있어서 그대로 받아들여지는 것이 아니라는 뜻이다. 예를 들면 확률 1/3은 마음속으로는 1/3로 느끼지 않고 이를 다시 해석해서 다른 크기로 받아들이는 것이다.

5) 편집 프로세스와 결합 프로세스(Coding and Combination)

프로스펙트 이론에서는 사람들이 결정을 내릴 때 2가지 프로세스를 거친다고 가정한다. 첫 번째가 '편집'프로세스로서 결정과 관련이 있는 행위나 조건, 결과 등이 인식된다. 준거점의 선택도 '편집'프로세스에서 이뤄진다.

두 번째 프로세스가 '결합'으로서 먼저 가치함수가 적용되고, 대상의 가치가 적용된다. 그 뒤를 이어 확률가중함수가 적용되고, 그 대상이 발생할 확률에 가중치가 붙는다(첫째와 둘째 작업은 순서가 반대일 경우도 있고, 동시에 이뤄지는 경우도 있다.). 그 뒤에는 가치를 산출하고 확률을 가중한 결과가 합해져 종합적인 평가가 정해진다. 그리고 여러 개의 결과가 내포된, 즉 확률 p로 100만 원이 당첨되고, 확률 1 - p로 5만 원이 당첨되는 복권에 대해서는 각각에 대한 개별 평가를 종합하여 이 복권의 평가가 결정된다.

즉 어떤 결과(이익 또는 손실) x가 확률 p로 얻어지고, 결과 y가 확률 q로 얻어지는 프로스펙트의 전체적인 가치는 $V = w(p)v(x) + w(q)v(y)$가 된다.

2. 프로스펙트 이론의 응용

1) 손실회피성과 보유효과

손실회피성은 사람의 행동에 두 가지의 영향을 미친다. 첫 번째는 보유효과이며, 또 하나는 현상유지 바이어스이다.

보유효과란 사람들이 어떤 물건이나 상태를 실제로 소유하고 있을 때는 그것을 갖고 있지 않을 때보다 그 자체를 높게 평가하는 것을 말한다. 사람들은 일반적으로 같은 금액의 기회비용과 실제로 지불한 비용 중에서 후자를 더 소중하게 평가하는 경향을 보이는데 이것이 보유효과로 설명될 수 있는 것이다.

2) 수취와 지불의 차

보유효과는 수취의사액과 지불의사액과의 괴리를 의미하기도 한다. 이 괴리로 인해 수취의사액과 지불의사액이 일치한다는 암묵적인 전제를 바탕으로 하는 코스의 정리는 성립이 되지 않는다는 것을 알 수 있다.

3) 현상유지바이어스

현상유지바이어스란 사람이 현재 상태에서 변화되는 것을 회피하는 경향을 말한다. 현직을 한 번 더 재임하려고 하고, 같은 브랜드의 상품을 사고, 같은 직장에 머무는 사람들의 경우를 설명할 수 있는 것이다. 따라서 현상유지 바이어스는 현재의 상태에 기준점을 내린 기준점 효과의 일종으로 볼 수도 있다.

4) 공정(公正)을 둘러싸고

'공정'은 준거점과 거기서부터의 이동방향을 기초로 해서 판단된다. 준거점으로부터 차이가 생기는 방향, 즉 어디서부터 이익인지 또는 손실인지에 의해서도 영향을 받는데, 이것은 보유효과에서 발생하는 기회비용과 실제로 지불한 비용과의 차이에서 비롯된다.

분배의 공정성은 분배와 재분배라는 두 가지 측면에서 판단해야 한다. 분배는 타인의 분배수준에 따라 결정되지만, 재분배는 자신의 과거 상태를 기준으로 한다.

공정성에 관한 연구는 아직 성과가 미흡하지만 공공재의 무임승차문제나 죄수의 딜레마 상황에서의 협력행동 등을 이해하기 위해서는 공정에 대한 연구가 필요할 것이다.

Chapter 13

생활 속 행동경제학

1. 프라이밍 효과
2. 선호의 성향
3. 사회적 선호

Chapter

13 생활 속 행동경제학

제1절 프레이밍 효과

1. 프레이밍 효과

프레임은 문제의 표현방법이고, 달라지는 프레임에 따라 판단이나 선택이 변하는 것을 '프레이밍 효과(framing effect)'라 한다. 프레이밍 효과는 합리적 선택 이론이 충족되어야 할 성질인 '표현의 불변성'을 어기는 것이다. 프레이밍 효과에는 두 개의 상태 A와 B 어느 쪽이 초깃값이 되느냐에 따라 선택이 달라지는 '초깃값 효과(default effect)'와 금전에 대해 실질가치가 아닌 명목가치를 기초로 판단하는 '화폐착각(The Money Illusion)'이 있다.

의사결정자가 현상을 능동적, 자발적으로 어떤 프레임에 밀어 넣고 그것에 따라 선호나 선택이 지배당하는 경우에 능동적 혹은 내적 프레이밍 효과라고 하는데 예로써 '심적회계(Mental Accounting)'가 있다.

2. 초깃값효과

초깃값효과(default effect)란 두 개의 상태 A와 B 어느 쪽이 초깃값이 되느냐에 따라 선택이 달라지게 된다. 이것 역시 프레이밍 효과의 일종이다. 앞에서 서술한 현상유지 바이어스로 생각하는 경우도 있다.

하나는 보험료가 싸지만 보험범위가 한정된다. 다른 하나는 보험료는 비싸지만 보험이 적용되는 범위의 폭이 넓다. 뉴저지 주에서는 초기설정으로 자동차 소유자는 자동적으로 보험료가 싼 보험에 가입하고, 할증보험료를 지불하면 보험 적용범위가 넓은 비싼 보험으로 변경할 수 있도록 하고 있다. 1992년에는 보험 가입자의 80%가 초기설정이 저렴한 보험에 가입했다.

한편 펜실베이니아 주에서는 반대로 보험료가 비싼 쪽을 초기설정으로 두어 자동적으로 가입하게 했는데, 보험료가 저렴한 쪽을 선택할 수도 있다. 1992년에 보험 가입자의 75%는 비싼 보험 쪽을 선택했다.

이는 사람들이 초기설정 쪽을 선택했다는 것을 나타낸다. 존슨과 허시는 만일 펜실베이니아 주에서 뉴저지 방식을 채용했다면 이 지역 주민들은 총 20억 달러 이상 비용을 줄일 수 있었을 것으로 추정하고 있다.

1) 화폐착각

화폐착각(The Money Illusion)이란 사람들이 금전에 대해 실질가치가 아닌 명목가치를 기초로 판단하는 것을 말하는데, 프레이밍 효과 중의 하나이다. 예를 들면 임금에 대한 사람들의 판단은 화폐착각을 일으키기 쉽다. 명목가치란 액면 그대로의 가치를 말하며, 실질가치란 액면가치(명목 값)로부터 인플레이션율을 제외한 값을 말한다. 예를 들면 연간 급여가 1,000만 원에서 1,200만 원으로 올랐다고 해도 인플레이션이 10%였다면 실질적인 급여 상승률은 20%가 아닌 10%밖에 되지 않는다. 이 10%가 실질가치(상승률)가 된다.

2) 심적회계

심적회계(Mental Accounting)란 사람들이 금전에 대한 의사결정을 할 때는 다양한 요인이나 선택대안을 종합적으로 평가하여 합리적인 결정을 하는 것이 아니라, 비교적 좁은 프레임을 만든 다음 그 프레임에 끼워 넣어 결정하는 것을 말한다. 이것은 사람들이 금전에 대한 행위를 평가, 관리, 기록하기 위해 사용되는 심리조작이며, 무의식적으로 이루어지는 경우가 많다.

3) 매몰원가

과거에 지불한 후 되찾을 수 없게 된 비용을 매몰원가(sunk cost)라고 한다. 의사결정에 관계가 없는 매몰원가를 고려 대상에 넣었기 때문에 비합리적인 결정을 해버리는 것을 매몰원가 효과라고 하는데, 손실회피성, 평판의 유지, 휴리스틱 과잉의 일반화로 인해 발생한다. 초기에는 매몰원가 효과가 크게 나타나지만 시간이 지날수록 매몰원가 효과는 점차 소멸한다.

주류경제학에서는 선호는 모순되지 않고 안정적이라고 하였지만 트버스키(Amos Tversky)와 세일러(Richard Thaler)는 상황이나 문맥에 의존하여 형성된다고 주장하였다. 주류경제학에서는 선호에 대해 엄격한 가정을 많이 설정해 놓았지만 실생활에서는 거의 지켜지지 않는 경우가 많다.

3. 중간대안, 선택이 된다.

사람들은 중간대안과, 이유가 있는 것, 선택대안이 적은 것을 선택한다. 싼 가격, 적당한 가격, 비싼 가격이 있으면 중간대안을 선택하고 이것을 '극단회피성' 또는 '타협효과' 라고 말한다. 또한 납득할 만한 이유나 스토리가 필요하면 모순이 되더라도 그것을 선택하게 된다. 선택대안이 너무 많으면 오히려 잘못된 선택을 하지는 않을까 하는 감정에 빠질 수 있기 때문에 선택대안이 적은 쪽에서 선택을 한다.

인생을 좌우할 정도로 중요한 선택에서는 사람들이 어떻게 행동할까? 최대화인간은 많은 선택대안 속에서 최선의 선택을 하기 위해 노력해야 하는 어려움이 있지만 만족화인간은 적당한 수준에서 결정하기 때문에 선택대안이 아무리 증가해도 어려움을 겪지 않는다.

제2절 선호의 성향

1. 다른 시점 간에 선택

구매결정 시점과 손익 시점이 시간적으로 떨어져 있을 때의 의사결정을 '다른 시점의 선택'이라고 한다. 이 같은 문제를 해결하기 위해서는 시간이 효용이나 의사결정에 미치는 영향에 대해 고려해야 한다.

다른 시점의 선택을 하기 위해서는 할인이라는 작업이 필요하다. 지금의 1만 원이 이자율로 인해 내년에 1만 원의 가치가 어떻게 될지 알아보는 것이다. 주류경제학에서는 미래의 1만 원의 효용 또한 할인율로 구할 수 있다고 했지만 미래는 불확실하기 때문에 현재의 1만 원을 더 중요시하는 것이 더욱 자연스럽다고 할 수 있다.

2. 지수형 할인과 쌍곡형 할인

할인에는 지수형 할인과 쌍곡형 할인이 있다. 지수형 할인은 주류경제학에서 말하는 할인에 관한 개념으로 어떤 대상에 있어서나 시간적으로 가깝거나 멀더라도 할인율은 일정하다고 보는 것을 말한다. 쌍곡형 할인법은 쌍곡선 방정식으로 나타나며 할인율이 시간의 경과에 따라 낮아지지만 그 감소폭은 점점 줄어드는 것을 말한다. 행복한 일을 기다리는 동안에는 플러스 효용이 생기지만 좋지 않은 일을 기다리는 동안에는 시간이 지날수록 효용이 감소하면서 마이너스 할인율이 발생할 수도 있다.

3. 유사성에 의한 선택과 할인

사람은 또한 점점 좋아지는 방식을 선호하고, '유사성'을 기초로 선택을 한다. '유사성'을 기초로 한 선택행위는 2개의 선택대안의 여러 가지 성질 중에서 유사한 점은 무시되고, 유사하지 않은 점이 판단에 사용되는 것이다.

4. 시간해석이론

사람들의 선호는 시간의 경과와 함께 변하는데 이 현상을 '시간적 비정합성'이라고 한다. 현재를 미래보다 훨씬 중시하기 때문에 '근시안적' 이라고 할 수도 있다. 대게 쌍곡형 할인이 시간적 비정합을 발생시킨다. 쌍곡형 할인의 관점에서 시간적 비정합성 등의 다른 시점 간 선택에 대해 접근한다는 것을 '시간해석이론'이라고 하는데, 주어진 정보가 동일하더라도 시간적으로 멀리 있는 대상에 대해서는 추상적, 본질적, 특징적인 점에 착안해 해석하고 시간적으로 가까운 대상에 대해서는 더 구체적이고 표면적이며 사소한 점에 주목한다. 이것은 미래에 관한 지식이 부족하기 때문에 발생하는 것이라고 할 수 있다.

5. 현재지향 바이어스와 시간해석이론

쌍곡형 할인의 특징인 현재지향 바이어스를 시간해석이론으로 설명하면 먼 미래에 관해서는 이익의 크기가 문제가 되지만 가까운 미래에 관해서는 시간의 연기가 중시되는 것이다. 시간적으로 멀고 가까움에 의해 대상의 해석 수준이 달라짐에 따라 시간적인 선호역전, 즉 시간적 비정합이 발생할 수 있는 것이다.

1) Peak End 효과

'피크앤드 효과' 란 사람들이 기억에 의존하여 과거 사상에 대한 효용판단을 내릴 때 가장 강한 부분과 마지막 부분의 느낌이 매우 강하게 작용하는 것을 말한다. '마지막이 좋으면 모든 게 좋다'는 것을 의미한다.

2) 냉수실험

실험참가자에게 섭씨 14도의 차가운 물에 한쪽 손을 1분간 담근 다음에 곧바로 수건으로 물기를 닦게 했다. 다음에는 한쪽 손을 먼저 14도의 물에 1분간 담그고 난 후 30초 동안 서서히 수온을 15도로 올렸다.

실험이 끝났을 때 실험참가자에게 다시 한 번 손을 물에 담구어야 하는데, 1분 만에 끝나는 짧은 쪽과 1분 30초 걸리는 긴 쪽 중 어느 쪽을 선택할지를 물었다. 시간이 길게 걸린 쪽에서 마지막에 불쾌감이 줄어들었다고 느낀 실험참가자 중 80%는 긴 시간 쪽을 선택했다. 그러나 불쾌감이 가벼워지지 않았다고 느낀 실험참가자는 40%만이 긴 시간 쪽을 선택했다. 불쾌한 시간이 길었음에도 불구하고 마지막에 불쾌감이 감소했다고 느낀 사람은 긴 시간 쪽을 선택한 것이다. 이 역시 최종 효과가 나타난 것이다.

6. 예측하기 어려운 장래의 선호

로엔스틴과 아들러는 실험참가자들에게 머그컵을 보여준 후 그것을 갖게 되었다는 상상을 하게 했다. 그런 다음 머그컵을 가져도 되고 팔아도 좋은데, 팔 경우에는 얼마에 처분할지를 물었다. 팔아도 되겠다고 답변한 평균 금액은 3.73달러였다.

다음 단계로 머그컵을 실제로 실험참가자에게 주고, 팔아도 될 가격을 물었다. 평균액은 4.89달러로 상승했다. 불과 몇 분 전에 예측한 금액보다 훨씬 상승한 것이다.

이것은 소유효과가 작용하여 나타난 결과라고 생각되지만, 자기 수중에 들어오면 그 가치를 높게 평가하는 소유효과가 작용한다고 말할 수는 없다. 오히려 자신의 장래 효용이나 평가 예측을 정확하게 할 수 없다는 것을 의미한다.

7. 만족을 최대화할 수 있을까?

이처럼 선호나 효용에 관한 다양한 성질 때문에 '효용최대화'는 상당히 어렵다. 미래를 예측할 수 없고, 투영바이어스, 과다 구별바이어스 등이 존재하기 때문이다. 행복에 관한 연구가 경제학과 심리학에서 최근 활발히 진행되는 만큼 만족을 최대화하는 것이 과연 가능한지야말로 연구되어져야 할 것이다.

제3절 사회적 선호

1. 신뢰로 성립된 경제

경제는 신뢰로 성립되어 있다. 신뢰를 바탕으로 하는 거래가 확산되고 있는 가운데, 과연 실제로 주류경제학에서 가정하는 이기적인 경제적 인간만이 존재할 때 이런 현상은 가능한 것인가? 따라서 우리는 경제적 인간이 어느 정도 이타적이라는 것을 알 수가 있다.

경제적 인간은 어느 정도 이타적이다.

2. 공공재 게임

사람들의 사회적 행동을 확인하기 위해 '공공재 게임'이라는 실험 게임이 자주 이용된다. 이 게임에서는 몇 명, 예를 들면 4명이 그룹을 만들고 각 개인에게 1,000원의 초기 자금이 주어진다. 각 객인은 1,000원 중 얼마를 그룹(공공)을 위해 지출할지를 결정한다. 실험자는 각 개인의 기부금을 합하고, 이를 2배하여 그것을 전원에게 균등하게 배분한다.

만약 모든 구성원이 400원씩 기부했다면 합계 1,600원의 2배인 3,200원을 4명에게 분배하기 때문에 각 개인은 수중에 있는 600원과 분배된 800원을 합한 1,400원을 보유하게 된다.

자신은 한푼도 기부하지 않고 다른 사람들만 기부한다면, 어떻게 될까. 예를 들어, 자신의 기부액은 '0'원이고, 나머지 3명이 전액을 기부했다면 자신의 몫은 2,500원이 되기 때문에 이 같은 '무임승차'는 매력적이 아닐 수 없다. 반대로 자신은 1,000원 전액을 냈는데 다른 사람이 '0'원을 기부했다면, 자신의 몫은 500원뿐이다. 초기 금액보다 적은 액수다. 이런 경우에 자신의 이익이 많아지리라 생각하고 기부했겠지만, 결과적으로 손실이 발생하였다. 따라서 누구라도 무임승차 유혹을 느끼게 될 것이다. 어느 한 사람이 무임승차하고 나머지 사람이 모두 전액 기부하게 될 경우에 그룹의 이익금 총액은 7,000원이 된다.

한편, 전원이 전액을 공공을 위해 사용하면 각 개인의 이익은 2,000원이기 때문에 그룹 전체의 이익은 8,000원이 되고, 무임승차하는 사람이 있을 경우보다 커진다. 전원이 무임승차를 하게 되면, 각 개인의 이익은 초기 금액인 1,000원뿐이다. 공공재 게임은 모두가 힘을 합쳐 일을 하면 커다란 성과를 얻을 수 있지만, 모두가 다른 사람의 노동만을 기대하고 게으름을 피우려는 유혹을 느끼는 상황에서 진행된다.

환경문제, 공유지 사용문제 등도 같은 구조를 지닌 문제로서 경제학뿐만 아니라 사회 전반에 걸쳐 나타나는 상황이다. 공공재 게임은 잘 알려진 '죄수의 딜레마'(제2장)에서 인원수만 늘어난 버전이기 때문에 '사회적 딜레마'로 불리는 경우도 있다.

1) 공공재게임과 협력, 그리고 처벌

공공재 게임에서도 볼 수 있듯이 모든 사람이 무임승차행위를 하지 않고 어느 정도 협력하는 모습을 볼 수가 있다. 즉 대다수 사람들은 타인이 협력적이라면 자신도 협력하려는 조건부 협력자 인 것이다.

협력관계는 특히 처벌제도가 도입되면 협력비율이 상승한다. 처벌은 협력의 촉진책으로서 실행되기보다는 배신행위에 대한 당연한 보복으로 실행된다. 무임 승차자가 생기게 되면 다른 구성원들이 무임 승차자에 대해 안 좋은 감정을 가지게 되는데 처벌행위는 이와 같은 무임승차에 대한 분노의 감정으로 인해 발생하는 것이다.

2) 처벌과 윤리

처벌이 인간의 윤리에 어떤 영향을 미칠까? 처벌은 어떤 잘못에 대해 벌금을 내게 함으로써 용서를 얻게 해주는 시장의 원리를 적용시켜 양심의 가책을 느끼지 못하게 하는 악영향을 미친다. 이처럼 처벌은 윤리적으로 악영향을 미칠 수 있는 것이다.

사람은 불평등 회피성을 가지고 있고 따라서 공정한 것을 추구한다. 자신과 연관이 깊은 주변 사람을 준거점으로 하여 공정한지 아닌지를 따지게 된다. 결과와 의도도 공정한 판단을 내릴 때에 매우 중요한 요소로써, 상호성은 결과와 의도 양쪽의 공정성에 대한 판단으로부터 성립된다고 할 수 있다.

3. 간접적인 상호성 게임과 공공재 게임

당사자 외의 제 3자와의 상호적인 관계를 간접적인 상호성이라고 한다. 타인에게 선행을 하면 돌고 돌아서 자신에게 좋은 일이 되어 되돌아오는 것을 말하고, 좋은 평판을 형성할수록 협력관계가 더욱 강력해지기도 한다.

4. 경제적 인간과 호혜적 인간의 상호작용

주류경제학에서 가정하는 경제적 인간만이 존재한다면 협력행위는 발생하지 않는다. 강한 상호성 동기를 가지고 행동하는 '호혜적 인간'이 또한 존재해야 하는 것이다. 경제적 인간은 상대방이 호혜적 인간이라고 믿을 때 협력관계가 형성이 되는데 단순히 경제적 인간만이 존재하는 주류경제학에서는 협력행위가 발생하지 않을 것이다.

5. 문화로 달라지는 행동경향

행동경향은 문화의 영향을 받는다. 최종제안 게임을 다양한 지역의 민족에게 실행해본 결과 그 결과가 민족의 문화에 따라 다르게 나타났다. 민족마다의 고유한 관습, 규범에 따라 최종제안 게임에서 행동의 다양성으로 표현이 된 것이다.

찾아보기

ㅁ

ㅂ

ㅅ

ㅇ

ㅈ

ㅊ

ㅋ

ㅍ

ㅎ

저자 소개

■ 윤 명 길

대전에서 태어나서 현재 을지대학교 의료IT마케팅학과 교수로 재직중에 있다. 전공은 경제학사, 경제학석사, 경제학박사로 세부전공으로 유통경제분야를 연구했다. 현재 사회활동으로는 (사)한국유통과학회 공동회장을 맡고 있으며, 이외에 윤명길장학재단 고문, 한국전략마케팅학회 부회장, 한국프랜차이즈경영학회 부회장, KAMS의 Special Interest Group Chair, 한국산업경제학회 이사, 한국유통경영학회 이사를 비롯하여 다수의 기관에서 활동하고 있다. 이외에도 학술진흥재단 신진교수선발 심의위원, 농림수산식품부 바로마켓 운영자문위원, 공정거래위원회 유통분과위원회 자문위원, 시장경영진흥원 자문위원, 한국고용정보원 자문위원, 송파구 가락농산물도매시장 재건축 자문위원, 서울시 동남권 유통단지 유통분야 기술심사위원, 성남시소비자정책심의위원회 부위원장, 성남농협유통센터운영위원회 운영위원을 비롯한 다수의 기관에서 활동하거나 활동한 바 있다. 기타 연구활동은 다음과 같다.

저서 : 유통학개론 외 16권
논문 : Using AHP to Priority Factors Selection of oerseas expansion. 외 72편

■ 김 종 진

기업에서 기획 및 예산담당을 근무하고 국제 NGO단체에서 프로그램 개발 및 타당성 검토를 진행했으며, 교육지원 연구소인 드림빅연구소, (사)함께공감하는세상에서 교육프로그램 개발 및 현지 타당성, 경제파급효과에 대한 연구를 진행했다. 전공은 경영학 학사, MBA (Finance, Marketting), 경제학 박사, 사회복지학박사로 세부전공은 행동경제학, 사회경제효과분석, 사회복지조사연구 등을 연구했으며, 특히 사회복지와 경제 융합에 전문 분야이다.

저서 : 생활경제(개정판)
논문 : 대형유통기업의 윤리경영이 소비자 점포선택에 미치는 영향분석 외 25편

생활경제 – 제3판

초　판 1쇄 발행 —— 2010년 9월 5일
개정판 1쇄 발행 —— 2014년 9월 1일
제 3판 1쇄 발행 —— 2018년 8월 30일
지은이 —— 윤 명 길 · 김 종 진
펴낸이 —— 전 두 표
펴낸곳 —— 도서출판 두남
서울시 강동구 성내로6길 34-16 두남빌딩
신 고 : 제25100-1988-9호
TEL : 02) 478-2065~7, 2311
FAX : 02) 478-2068
E-mail : dunam1@unitel.co.kr
http://www.dunam.co.kr

정가 20,000원

ISBN 978-89-6414-819-8　93320